DAODE YU FAZHI HUIJIAOXUE SHIJIAN
道德与法治慧教学实践

彭玉斌◎著

东北师范大学出版社
NORTHEAST NORMAL UNIVERSITY PRESS
长春

图书在版编目（CIP）数据

道德与法治慧教学实践 / 彭玉斌著 . —长春：东北师范大学出版社，2017.7

ISBN 978－7－5681－3537－5

Ⅰ.①道… Ⅱ.①彭… Ⅲ.①政治课—教学研究—中小学 Ⅳ.①G633.202

中国版本图书馆 CIP 数据核字（2017）第 182725 号

□策划编辑：王春彦　　　　　　□封面设计：中联学林
□责任编辑：苏　倩　张　杰　　□内文设计：中联学林
□责任校对：王娴娴　谭　爽　　□责任印制：张允豪

东北师范大学出版社出版发行
长春市净月开发区金宝街 118 号（邮政编码：130117）
销售热线：0431—84568122
传真：0431—84568122
网址：http://www.nenup.com
电子函件：sdcbs@mail.jl.cn
三河市华东印刷有限公司印装

2017 年 7 月第 1 版　2017 年 7 月第 1 版第 1 次印刷
幅面尺寸：170mm×240mm　印张：17　字数：277 千

定价：42.00 元

序　言

王清平

习近平总书记指出，创新是引领发展的第一动力，全党全国，必须树立创新发展理念，必须把创新摆在国家发展全局的核心位置。而创新何尝不是智慧的结晶？智慧育人、育智慧人，需要每一位教师积极探索，勇于实践。彭玉斌老师就是一位勤奋耕耘者，他积累了30多年的一线教学实践，不断探索和反思，写成了《道德与法治慧教学实践》一书。

本书包括"创新教学实践""问题教学实践""事例教学实践""探究教学实践""追寻情趣实践""激发潜能实践""价值引领实践""学会交往实践""多元评价实践""精彩做题实践""且思且实践"等部分，共51篇。其中近20篇文章在省级以上刊物公开发表。从教学内容来看，涵盖心理学、道德、法治、教育、文化等众多学科领域。从审美角度来看，其内容建构、教学环节、教学方法、教学模式和价值功能等丰富多样，别开生面，别具一格，令人赏心悦目。有的展示师生课堂互动，实现教学手段和方法的大胆尝试和创新，把课程理念和三维目标科学地渗透于教学过程和形式之中，使学生学在其中，乐在其中，悟在其中。有的模拟生活场景，进行艺术的创设，使教学情境栩栩如生，艺术地再现了生活的真实和情趣，激发学生探究的兴趣。

佛云："智慧是由禅定而生，若能心专念一，明事悟理，即能开启慧眼。"一直以来，彭玉斌老师努力保持"禅心""禅定"，阅读经典、借鉴名师、积累经验、践行反思，渐渐地，练就了一双"慧眼"。彭玉斌老师就尝试用这双"慧眼"开启课堂教学的智慧，并在无形中传递给自己的学生，同时也从自己学生的眼神里不断地感受着为师的尊严和价值，收获着课堂教学改革和创新的浪漫与乐趣。

"雄关漫道真如铁，而今迈步从头越。"彭玉斌老师又带领他的团队以"玉成品思"作为工作室铭，决心不畏艰难困苦，玉汝于成！"以微课（或互联网）为载体，以思维导图为工具，以事例为素材，以问题为导向，以多元评价为旨归，以'微课掌上通'为纽带"，进行"三环三学"的新课题研究。

每一位教师都可以通过读书、实践，用心而为、锲而不舍，行走在开拓创新的慧教学的园地里。

是为序。

2016 年 11 月 8 日于广州

（作者系华南师范大学基础教育培训与研究院教授、《中小学德育》杂志社主编、教育部国培专家）

目 录
CONTENTS

一、创新教学实践 …………………………………………………………… 1

  1. 论对学生创新人格的培养　3

    1.1　学生强烈的创新意识的产生和培养　3

    1.2　学生执着的创新热情的产生和培养　4

    1.3　学生顽强的创新意志的产生和培养　5

    1.4　学生勇敢的创新行为的产生和培养　5

  2. 启发创新的课例实践　7

    2.1　实例之一：引桥设计　7

    2.2　实例之二：性格各异　8

    2.3　实例之三：漫画反思　9

    2.4　精巧构思　10

    2.5　环节步骤　10

    2.6　方法要求　11

  3. 激活课堂的现场感教学　12

    3.1　QQ 对话　12

    3.2　探幽索因　13

    3.3　意义所在　15

    3.4　几点建议　15

二、问题教学实践 ……………………………………………… 17

1. 问题教学的"抛锚探究"策略 19
  1.1 关于"抛锚" 19
  1.2 关于"探究" 20

2. "情境、问题、阅读、探究"教学 22
  2.1 情境 22
  2.2 问题 23
  2.3 阅读 24
  2.4 探究 25

3. 思想的课堂 质疑更精彩 28

三、事例教学实践 ……………………………………………… 31

1. 实施事例教学 提升学生教养 33
  1.1 对知识与教学的思考 33
  1.2 由举例到事例教学的提出 33
  1.3 实施事例教学的具体做法 34
  1.4 实施事例教学的初步体会 36

2. 学会合理消费 38
  2.1 消费统计 38
  2.2 消费访谈 39
  2.3 合理消费 ABC 40
  2.4 消费面面观 41
  2.5 学会理财 41

3. 违法行为应该承担法律责任 43
  3.1 导入 43
  3.2 评说事例 44
  3.3 内化课程知识 46
  3.4 议一议——悟理 48
  3.5 试一试——践行 49

四、探究教学实践 ·· 51

1. 探究型活动教学 53
   1.1 探究性学习 53
   1.2 探究性调研 56
   1.3 主要体会 57

2. 巧设探究提高体验实效 58
   2.1 巧编顺口溜，体验文化的和谐共处 58
   2.2 巧演小品剧，体验待人有礼的好处 59
   2.3 巧用新鲜事，体验男女交往的尺度 59

3. 以十八大内容启发探究性学习 61
   3.1 探究一 61
   3.2 探究二 62
   3.3 探究三 63
   3.4 探究四 63
   3.5 探究五 64

4. 动态教学实践与研究 66
   4.1 动态教学实例 66
   4.2 动态教学策略 68
   4.3 动态教学的功能 69

五、追寻情趣实践 ·· 71

1. 生活处处有情趣 73
   1.1 导入 73
   1.2 事例探究 74
   1.3 叙说趣事，共享高雅情趣 78
   1.4 小结 78

2. 浸润化育 感受幸福 80
   2.1 读思感悟形象化的意境 80
   2.2 表演体味生活化的情感 81

  2.3 游戏表达人性化的情怀 82

 3. 利用网络 营造美好的校园文化 84

  3.1 认识校园文化——学习理论 84

  3.2 走进黄中文化——联系实际 88

  3.3 让黄中更美好——提出议案 90

  3.4 几点感想 95

 4. 对"身边的诱惑"说不 96

  4.1 导入 96

  4.2 金钱的诱惑 97

  4.3 游戏机的诱惑 98

  4.4 六合彩的诱惑 99

 5. 防范侵害,保护自己 102

  5.1 事例引入 102

  5.2 想象和猜测 103

  5.3 献计献策 104

  5.4 启示 105

六、激发潜能实践 107

 1. 发现自己的潜能 109

  1.1 看图说话 109

  1.2 感悟、启示 110

  1.3 发现自己的潜能 111

  1.4 挖掘自己的潜能 112

 2. 让学生真正成为学习的主人 114

  2.1 精心设计,激发学习情趣 114

  2.2 学会阅读,提高学习能力 115

  2.3 学会协作,促进思想交流 117

 3. "思维导图":活化知识的神器 119

  3.1 并列式:权利—义务 119

3.2 包容式：教育 > 受教育 > 义务教育　120

3.3 因果式：公正←公正的制度　122

七、价值引领实践 ………………………………………… 125

1. 教师课堂的价值引领　127

    1.1 课堂价值引领是一种综合的能力　127

    1.2 提高教师课堂价值领导力的对策　128

2. 让知识转化为教养　130

    2.1 他的真情感动人　131

    2.2 他的自强感动人　131

    2.3 他的乐观感动人　131

    2.4 他的惜学、勤学感动人　132

3. 德育活动提升情感素养　133

    3.1 实践　133

    3.2 成效　135

    3.3 启示　136

4. 对培育核心价值观的思考　138

    4.1 思想品德课程对核心价值观仅做简单介绍　138

    4.2 核心价值观的内容分散于思想品德课程教材中　139

    4.3 初中学生价值观的失衡、多元与迷茫　139

    4.4 对策　140

5. 这样鼓励和引导学生关爱社会　142

6. 珍爱我们的生命　144

    6.1 永不放弃生的希望　144

    6.2 求生的知识和本领　145

    6.3 肯定生命，尊重生命　146

    6.4 延伸生命的价值　148

7. 让生命之花绽放　150

    7.1 引入　150

7.2 设疑 150

7.3 探究 151

7.4 践行 152

8. 走向共同富裕的道路 154

8.1 引入 154

8.2 小调查 154

8.3 看倡议　提建议 155

8.4 让创造财富的源泉涌流 157

9. 唱响"中国梦"　汇聚正能量 159

9.1 倾听梦想 159

9.2 追寻梦想 160

9.3 实现梦想 162

八、学会交往实践 ………………………………… 165

1. 宽容着　幸福着 167

2. 我与父母交朋友 169

2.1 歌曲引入 169

2.2 诉说成长的烦恼 169

2.3 浅说烦恼的原因 170

2.4 逆反心理有危害 172

3. 发展真挚的友谊 174

3.1 导入 174

3.2 评说事例 175

3.3 知识内化 176

3.4 悟理践行 180

4. 做一个负责任的公民 182

4.1 两难选择 182

4.2 勇担过错 182

4.3 信守诺言 184

4.4 学会反思 185

5. 我对谁负责 谁对我负责 187

   5.1 看图说故事 187

   5.2 责任的内涵、来源 188

   5.3 角色的责任体验 189

   5.4 小舍的困惑 190

   5.5 提建议解困惑 192

   5.6 培养责任感，自觉承担责任 192

6. 巧用"自己人效应" 194

九、多元评价实践 ··· 195

1. "章"显魅力 197

   1.1 "章"的内涵 197

   1.2 "章"的使用 198

   1.3 "章"的魅力 199

2. 这样谈心效果好 201

   2.1 巧借偶像，让学生重新扬起理想的风帆 201

   2.2 活用掌声，让学生增进改正错误的勇气 202

   2.3 妙说典故，激发学生向善向上的欲求 203

3. 亲切有力量 204

十、精彩做题实践 ··· 205

1. 热点话题，贴得近，放得开 207

   1.1 邢丹不幸 207

   1.2 追星影响 208

   1.3 借钱皇帝 209

   1.4 幸福广东 210

   1.5 加快转变 211

2. 巧用中考题 妙探做人理 214

3. 以核心价值观引领：明道理、照镜子、正行为　217
　　3.1　试题回放　217
　　3.2　试题分析　218
　　3.3　参考答案　219
　　3.4　教学反思　219

4. 综合开放　启思导行　221
　　4.1　试题回放　221
　　4.2　试题分析　222
　　4.3　深层思考　223

十一、且行且思 ·· 225

1. 课堂魅力从何而来　227
　　1.1　来于情　227
　　1.2　来于趣　227
　　1.3　来于美　229
　　1.4　来于理　230

2. 拙文弄成篇虽短　单元小结韵却长　232

3. 对一名有心理问题的学生的行为分析　234
　　3.1　案例　234
　　3.2　干预　234
　　3.3　原因　235
　　3.4　启发　236

4. 策动、互动、灵动、行动　238
　　4.1　课前策动　238
　　4.2　课中互动　239
　　4.3　个体灵动　241
　　4.4　课后行动　242

5. 三环三学，在启中发　243
　　5.1　预学——引入，言简意赅　243

5.2　研学——探究，峰回路转　243
　　5.3　验学——小结，诗韵悠悠　246
6. 珠海淘"宝"　别有收获　248
　　6.1　气氛：要更和谐融合　248
　　6.2　设计：要更富于创新　249
　　6.3　视野：要更开放广阔　250
　　6.4　内容：要更贴近生活　251
　　6.5　形式：要更简约高效　252

后　记　………………………………………………………………　253

主要参考资料　…………………………………………………………　255

一、创新教学实践

古印度谚语云:"播种行为,收获习惯;播种习惯,收获性格;播种性格,收获人生。"同样道理:播种创新的行为,收获创新的习惯;播种创新的习惯,收获创新的性格;播种创新的性格,收获创新的人生。创新教学贵在引起学生好奇、兴奋、感动的情感,吸引学生关注、向往、投入。通过潜移默化的作用,孕育和发展学生的创新精神、创新思维、创新能力、创新风格。

1. 论对学生创新人格的培养

美国学者哈里特·朱克曼在《科学界的精英》一书中，对一百名诺贝尔奖获得者进行深入分析，得出的结论是：完善的智力和人格结构是这些人共有的心理特征。后来有人对与诺贝尔奖擦肩而过者进行研究，结果发现：这些人痛失重大发明，不是因为缺少完善的智力，而是人格因素使然。这两项研究表明，在智力与人格因素中，创新人格是创新素质中最活跃、最具决定性意义的因素，由此推论：创新人格是形成和发挥创新能力的底蕴，是创新活动中最为重要的内在动力机制。既然创新人格如此重要，那么创新人格从何而来？我认为，创新人格是靠后天培养的，是长期创新实践的积淀。正如古印度谚语云："播种行为，收获习惯；播种习惯，收获性格；播种性格，收获人生。"同样道理：播种创新的行为，收获创新的习惯；播种创新的习惯，收获创新的性格；播种创新的性格，收获创新的人生。受此启发，我开始从创新学习及其习惯来培养学生的创新人格，收到了较好的效果，我发现：创新人格集中体现在强烈的创新意识、执着的创新热情、顽强的创新意志、勇敢的创新行为等良好的人格特征中。所以，培养学生的创新人格主要应从这几方面着力。

1.1　学生强烈的创新意识的产生和培养

"没有做不到，只有想不到。"这句话告诉我们：唤起学生的创新意识，对于培养他们创新学习、养成创新习惯有着至关重要的作用，应置于首位。怎样唤起学生的创新意识呢？要引导学生放眼全世界，感受知识经济的力量（创新是引领发展的第一动力），感知国际竞争将更加激烈。只有创新才能获得生存、赢得发展，否则就会危及个人乃至整个中华民族的生存发展。由于科技发展日新月异，今天不学会创新，意味着明天将会落后。所以，学生创新要从现在开始，刻不容缓。在教学中，教师要不断启发和激励学生，使树立学生强烈的创新学习意识。同时，教师还要引导学生懂得在自己的意识里提醒自己怎样创新，如"除此之外，还有……""假如是我，我的做法是……"等等，学生的意识里有了创新的使命感、紧迫感，又懂得一些创新的方法，那么创新学习就具备了必要的前提。

1.2 学生执着的创新热情的产生和培养

创新热情是一种热烈、稳定而深刻的创新情感状态。它集中表现在一个人对一定创新目标的不懈的追求过程中。创新热情对学生的创新学习具有持续、强大的推动作用，充分显示了情感的动力功能，因而，它往往使学生的创新学习处于执着状态。在教学中，我经常创设有利于激活创新思维的学习氛围，以自己的热情感染学生的热情，以自己教的创新激活学生学的创新，使学生的创新学习如做智力游戏一般，让学生感到快乐有趣，从而最大限度地调动学生创新学习的积极性。例如，在进行"爱国情操"教学时，我深情地引导学生进行设计南浦大桥的智力游戏：怎样设计才能省地、少拆迁？学生们非常好奇地、兴奋地摆弄着模具，在游戏中遭遇困难，在游戏中增长智慧，在游戏中增添乐趣，在游戏中培养爱国情操……

正如苏霍姆林斯基所说："热爱自己学科的老师，他的学生也充满热爱知识、科学、书籍的感情。教师的话语中不仅包含了学科的意义和内容，而且包含了思想的情感色彩；只有热爱科学的人出现在学生面前，才能唤起学生热爱科学的情感。"我努力使创新教学与快乐情感结合在一起，学生执着的创新热情也会油然而生。

1.3 学生顽强的创新意志的产生和培养

创新意志是人的内在创新意识向外在创新行为的转化。学生对学习有了创新的意识，也有了创新的热情，就会产生进一步的行为要求，而为了达到创新的目的，便需要创新意志的作用。创新意志最突出的特点：一是创新的目的性；二是克服困难。如上例引桥设计的创新目的，在寸土如金的南浦城区找到引桥的新办法需要克服不少困难。由此可以看出，创新学习是有目的地克服困难的脑力劳动过程。在这个过程中，学生要从不知到知，从知之不多到知之甚多，从已知到未知，需要拥有顽强的意志品质。这里的意志品质就是学生创新人格特征中比较稳定的意志特征。在实际教学中，当学生碰到困难时，我不断鼓起他们战胜困难的勇气，帮助他们学会用自己的力量和智慧攻克难关。例如：专心学新课，学会控制"走神"的现象；思考新问题，学会迎难而上；对待创新中的失败，学会不气馁、不自卑、勇往直前……创新意志力正是产生于有目的地攻克难题之中，也作用于有目的的克服困难之上。创新学习由于有了意志力的支撑，克服困难的过程就成为享受创新快乐的过程。

1.4 学生勇敢的创新行为的产生和培养

勇气吹开智慧门，唯有勇敢的创新行为才有创新成果的收获。例如，要知道怎样设计引桥才省地、少拆迁，就得动手试一试，通过比较发现，螺旋式比传统的倾斜式更符合设计要求，是最佳方案。马克思说："在科学的入口处，正像地狱的入口处一样，必须提出这样的要求：ّ这里必须根绝一切犹豫，这里任何怯懦都无济于事。'"所以说，学生贵在敢创新，创新行为是最重要的。在教学中，我引导和激励学生把创新的"意识、热情、意志"集中到创新的"行为"之中，并贯彻始终。如读书，做到不唯书，尝试拥有自己的见解；提问题，做到无疑处存疑问，尝试见微知著；做作业，做到不循规蹈矩，尝试另辟蹊径等。

总之，在创新学习中，始终要做到不唯书、不唯上、不人云亦云，始终敢想、敢说、敢创和敢做。这样坚持不懈，学生的创新学习习惯就会塑造出稳定的特征——创新人格。可见，培养学生的创新人格起于创新学习，成于创新习惯。让学生在快乐中形成创新人格是一条幸福之路。

2. 启发创新的课例实践

在课堂教学中,启发学生创新,已是摆在我们面前迫切需要解决的课题。怎样启发创新呢?首先要引起学生好奇、兴奋、感动等情感,吸引学生关注、向往、投入;其次要通过潜移默化的作用,孕育和发展学生的创新精神、创新思维、创新能力、创新风格。教师的主导作用要重在"启发",学生的主体作用要重在"创新"。"启发创新"可以定义为:学生作为独立的个体,在教师的主导下,充分发挥其主体作用,能够善于发现和认识有意义的新知识、新事物、新观点。

2.1 实例之一:引桥设计

教学"爱国情操表现",若照本宣科,实在乏味。我把课文阅读材料蕴含的智育与德育因素挖掘出来,经过精心设计,在课堂上激起了智慧与道德双艳的火花。

情境:上海在设计南浦大桥时,遇到一个十分棘手的问题,引起社会各界的关注。当地的一些中学生也满怀热情地参与设计,结果他们与专家的设计不

图 1-1

谋而合。(为了直观,我摆出大桥、引桥及有关大楼等实物模型,如图1-1)

启思:什么棘手问题呢?原来,引桥址恰是中心城区,商业、人口密集地,土地价格昂贵。因此,怎样设计才能省地、少拆迁呢?

论证:学生们七嘴八舌,比比画画……归纳起来是两个草案:倾斜式和螺旋式。开始,学生们多在倾斜式上考虑。但是,倾斜式满足不了设计要求。长度短,省地,但坡度陡;长度长,解决坡度陡的问题,但占地又多……在比较中,学生们最后一致认为螺旋式引桥少占地多利用空间,是最佳方案。(见图1-1)

悟理:学生陶醉在尝试成功的喜悦之中。我恰当点评,充分赞扬上海中学生爱家乡、关心家乡的建设,指出这是一种爱国的表现。同时指出,学生们用智慧模拟设计取得成功,突显了实力,体现了创造性。乐于参与,敢于参与,并创造性地发挥自己的智慧与能力,为祖国建设做贡献,这就是爱国,爱社会主义祖国。

2.2　实例之二:性格各异

"人的性格各不相同"一课,学生对"性格"似曾相识,但从深层来说,识之较浅,因而对"各不相同"的层次理解就显得更难了。怎样才能深入浅出,有趣有味呢?

情境:讲台上摆着一台机器、一台电脑。教师发下两份调查表,学生填好后,通过电脑处理,学生就初步知道了自己性格的特点。

启思:性格由哪些因素合成?过程怎样?为什么人的性格会不一样?

论证:性格是先天因素和后天因素的合成,是一个复杂的形成过程,一般分萌芽期、形成期、塑造期、成型期这四个阶段,由于各种因素不同,性格也就各不相同。(如图1-2)

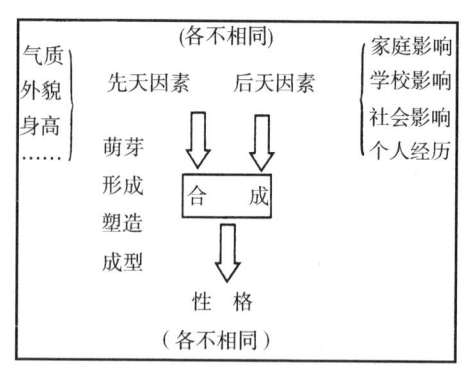

图1-2

悟理:由学校、社会的影响说明"近朱者赤,近墨者黑"的道理;由"萌芽"到"成型"说明"江山易改，秉性难易"的意蕴，启发学生要重视和加强成型期前的性格塑造。

2.3 实例之三：漫画反思

要让初二学生弄清学法的重要性和必要性并不容易，因此我以漫画（如图1-3）为切入点，启发学生思考"视而不见"，反思"视而可见"，达到事半功倍的效果。

情境：一个人得意地走在危桥上，桥下是万丈深渊，这人危在顷刻！桥右端写有告示："法，禁行。"桥横面写着："犯罪之路"。这个人眼镜上挂着："法盲"。

图1-3

启思：如此危险，这人是知险而行，还是不知其险？"视而不见"告诉我们什么道理？反思"视而可见"的情境是怎样的？这告诉我们什么道理？

悟理：通过看图，学生都认为这人是不知其险才走上危桥的（从眼镜上挂着的"法盲"两字得知）。由于这人是"法盲"，故"视而不见"走上了"犯罪之路"。可见，他不学法走上了犯罪之路，自己却还不知道呢。由"视而不见"反思"视而可见"的情景（让学生自己描绘）。

学生认识到：在法治社会里，个人要生存与发展，离不开法律。所以要学法、懂法、守法、护法。

论证：从纵的方向来看，人的一生与法律都息息相关。从横的方向来看，在与他人发生纠纷时，需要法律裁决；合法权益被他人侵犯时，要求助于法律；自己犯法时，要受到法律的处罚。总之，法律与我们息息相关。

以上三个课例之所以能获得良好的教学效果，关键在于创新。创新，使得课堂教学具体形象、生动活泼，充满情趣和欢乐。同时，创造的欲望，如电磁效应，拨动了师生共同创造的情感共鸣。

2.4　精巧构思

在吃透各种教学资源的基础上，重新对教材内容进行编排、组合和设计，使其价值最大化、最优化。

值得注意的是，要选准并挖掘教材中最有价值的内容进行创新构思。如例一的"引桥工程设计"，例二的"性格各异探因"，例三的"漫画正反思考"都选得很准，并充分挖掘，所以教学的效果很好。通常教材中最有创新价值的地方，往往也是师生情感的动情点、兴奋点、新旧知识的关联点和各种矛盾汇集的碰撞点等。只要深入分析研究，必能找到。

2.5　环节步骤

"启发创新"大致由情境（现象）、启思（设疑）、论证（解疑）、悟理（升华）等环节步骤组成。

情境：情境的设置，能够让学生直观、形象地看到现象，产生诸如好奇、兴奋等情感，如例三的漫画。这是感性认识的开端。

启思：启发思考，在一定情境中设疑，并让学生起疑、思考，引起学生感性认识的深入，如例二的"性格由哪些因素合成？过程怎样？为什么人的性格会不一样？"。有时还可以引导学生反向思考，如例三"'视而可见'的情境又是怎样的？"。

论证：论证也称求证。这是一个摆事实、说道理的过程，如例一论证"螺旋式和倾斜式谁为最佳方案"。在这个过程中，学生动手、动口、动脑，或分工合作，或相互启发，真正体现出学生的主体作用。此乃重要环节。

悟理：悟出道理，提高觉悟，这是论证的结果、理性认识的升华。如知晓例二"近朱者赤，近墨者黑"的道理等。

这四个环节、步骤不应拘于一格，可根据实际情况适当变化或调整，如例三就是把"论证"放在"悟理"之后。

2.6　方法要求

第一，以鲜明的形象，营造吸引学生注意力的新鲜感，强化学生感知教材的亲切感。只有形象新鲜而亲切，才能引起学生的好奇、兴趣，学生才会产生追求和探索的愿望。

第二，以真切的情感调动学生参与认知的积极性和主动性。"感人深者，莫先乎情"。学生情动则积极性高涨，主体作用才能表现出来。

第三，以广远的意境激发学生拓宽教材、贴近生活、关注社会与人生的责任感和想象力。学生有责任感，才有毅力创新并持之以恒。有想象力，才能开阔视野，富于创意。

第四，以丰富的哲理，提高学生对事物的认识力和感悟力。学起于思，思起于疑，疑起思维生。学生的认知力和感悟力往往是在激疑启思的教学过程中得到培养和提高的。

第五，以科学的手段和方法引导学生会求知、会探索、会创新。引导学生使用计算机、手机等现代化工具掌握材料；还应激励学生大胆进行创造性的质疑问难（陈龙安教授提出的十字口诀即"假列比替除，可想组六类"有借鉴作用），学会运用分析、综合、归纳、推理等思维方法。引导学生由感性认识上升到理性认识，要重视过程而非结论。因此，"启发创新"要把创新思维的时间留给学生，让学生自己来求知、探索、创新。正所谓"授人以鱼，不如授人以渔"。

如果说实施素质教育的关键在于创新，那么创新的关键则在于教师的启发。所以，我们要转变传统的观念和做法，树立起人人可以创新并能取得成功的观念，以积极的行动投入创新实践，那么培养具有创新素质的人才就会指日可待——"学生都是朝着教师鼓励的方向发展的。"

（本文发表于《思想政治课教学》2001年第3期）

3. 激活课堂的现场感教学

现代学习理论认为，知识具有情景性，人的学习离不开一定的场景（包括虚拟的、物理的、生活的和心灵的场景）。课堂教学的效果与学生在现场的真实体验和感悟有关。下面是我引导学生在创新课堂的现场中进行学习，以获得感悟、体验、发现和启智的教学尝试。

3.1　QQ对话

我拿出自己的手机QQ对话（如图1－4）给学生看：

舅：在吗？

甥：在的，舅。

舅：你的支付宝能用吗？

甥：可以。支付宝？

舅：你支付宝名字发我，我申请你代付。

甥：好。18677443400。

舅：限时抢购的，急用！

甥：那个支付宝不是你的啊。

舅：店家的，我买东西那个店家的，我的不是被冻结了吗？

……

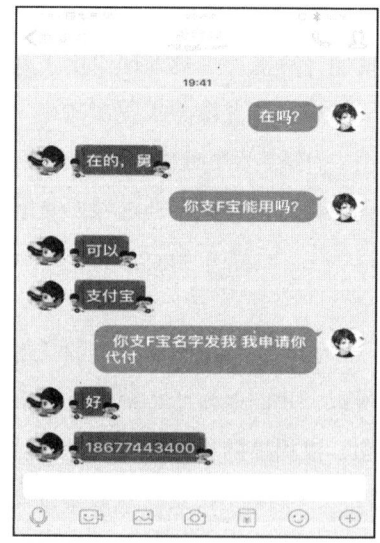

图1－4

3.2 探幽索因

师：这是我的QQ里"舅"甥的对话！可这个"舅"竟然不是我。他进入我的QQ号与我的外甥对起话了。这个"舅"向外甥要支付宝。我这个舅却全然不知！天啊，会不会是在骗钱？

师：同学们，此时我该怎么办？

课室里，很是安静！但同学们神态各异：有的沉思、有的焦急、有的不知所措……

过了一会儿，有一名学生站起来说："立即报警！把这个骗子绳之以法。"

接着，又有一名学生站起来说："应该立即告知你的Q友，避免更多的Q友被骗。"

紧接着，另一名学生说："应该立即更改QQ密码，计算机老师曾经说过。"

……

显然，学生们进入了我的情境中，急我所急！几名学生的发言，道出了QQ号被盗用后的应对办法。没有发言的学生也都在全神贯注地听着、感受着、经历着。

师：感谢同学们支着儿！说实在的，如同学们所说，我在又急又忙地更改QQ密码、告知Q友的过程中，内心焦急、紧张、难过、不安宁！这个"舅"在侵犯我的什么权利呢？

有的学生觉得：这是侵犯了老师的姓名权。

师：为什么？

生：这个"舅"盗用老师QQ号，冒用老师的QQ名与您的外甥对话，想得到外甥支付宝以获得利益。

师：QQ号等同于老师的姓名吗？

生：应该等同。因为你的Q友会把你的QQ号当作你本人。如上面的对话："在吗？""在的，舅。"外甥不是把"舅"当作真舅舅了吗？（学生笑）

师：哦。还有吗？

生：我觉得还侵犯了老师的隐私权。

师：怎么见得？

生1：这人使用了老师QQ号，这是个人信息吧。

生2：这人进老师的QQ空间算不算侵犯私人领域？

师：算不算呢？

生3：算。书上说书包即为私人领域，我想在网络时代，微信、信箱、QQ空间都应为私人领域。

师：言之有理！那什么叫隐私？什么叫隐私权呢？

生4：隐私是指公民不愿意为人所知或不愿意公开的，与公共利益无关的个人私生活秘密。它包括三个方面内容：私人信息、个人私事、私人领域。私人信息：家庭地址、身体缺陷、婚恋情况、家庭关系、财产状况、身份证号码、账号密码、QQ密码、微信密码等；个人私事：日常生活、社会交往等；私人领域：住宅、个人行李、书包等。

生5：隐私权是指公民依法享有私人生活安宁和私人信息保密的权利。我国法律保护公民的隐私权。

师：说得好！老师对隐私权的相关知识也很清楚。在现实生活中，我是注意防范的。但是在网络环境下，我的隐私还是被人侵犯了！这给我们带来什么样的警示呢？

生1：要有隐私意识，在网络环境下也要有隐私意识，不要以为网络都是虚拟的，无所谓，我们还是大意不得。

生2：要有自我保护能力，要懂得给自己的QQ上锁。

生3：要有责任或信任意识，当自己的QQ被冒用了，要想到保护Q友，要对他们负责。

生4：要有法制观念，要懂得报警，另外要懂得尊重别人的隐私。

生5：老师，你的Q友有没有被骗？

师：这是我最担心的地方——我的外甥被骗钱了吗？（这也是学生担心和急着想知道的地方，可我不急着告诉学生，直到此刻，又回到对话的悬念。）大家再来看看"舅"甥对话（如图1-5）吧：

甥：那个支付宝不是你的啊？

舅：店家的，我买东西那个店家的，我的不是冻结了吗？

甥：你的冻结了吗？

舅：嗯。

甥：打个电话过来确认一下。

师：我的外甥被骗钱了吗？

生：没有。

师：好玄啊。幸好，我的这个外甥是当过兵的，有防范意识。也幸好，我从来没有向他们要过钱。当我的外甥发现这个"舅"说要支付宝时，他马上打电话给我，一问真相不就大白了吗？

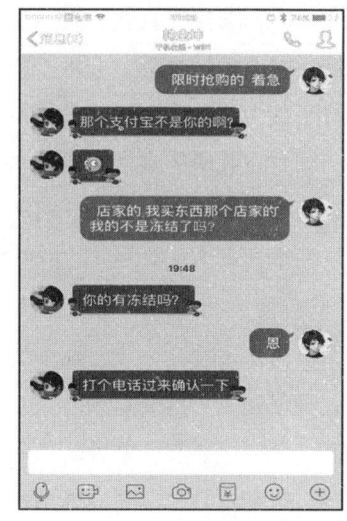

图 1-5

3.3 意义所在

这是发生在我身上的真实故事！真实的场景，增强了学生的现场感。

现场感教学，不是简单的知识传授过程，而是"知""行"合一的心灵唤醒和碰撞的过程，是点燃智慧的过程。现场感教学，其意义在于：

第一，有利于增强学生的直接感受，深刻理解，使抽象理论直观化；

第二，可以增强教学的趣味性，使课堂教学更为生动活泼；

第三，使学生可以直面情境，调动了学生的情绪，丰富了学生的情感世界；

第四，使学生可以直面问题，有利于提高学生解决实际问题的能力。

3.4 几点建议

现场感教学需要注意什么呢？

第一，要有真实性。

现场感教学，首先，要有真实性。所谓真实性，就是客观存在的非虚假的。这种真实性的获得，一是要靠内容载体的真实，二是要靠学生身临其境的真情。

内容载体的真实。是因为它是现实生活中发生的真人真事，因为真，才可信。如上述材料中"我的QQ里'舅'甥的对话"就是真实地发生在我身上的，有手机为证。现场感教学，针对的就是真人真事。

身临其境的真情。现场教学，真实的事件，加之课堂媒体营造氛围，比较容易引导学生身临其境，有利于激发学生的真情实感，培养有境界的人。正如王国维在《人间词话》说："古今之成大事业、大学问者，必经过三种境界：'昨夜西风凋碧树，独上高楼，望尽天涯路'，此第一境也；'衣带渐宽终不悔，为伊消得人憔悴'，此第二境也；'众里寻他千百度，蓦然回首，那人却在，灯火阑珊处'，此第三境也。"

第二，要有情节性。

现场感教学，要有情节性。所谓情节性，就是能够将课堂45分钟分割成几个部分，可分为起因、过程、结果。做些什么、怎么做……因情节安排起伏，过程推进，达到高潮迭起、引人入胜的教学目的。如上述现场感教学，笔者安排情节，由"舅"甥的对话作起因，由假"舅"侵犯真"舅"的相关权利及警示等作探究过程，又由"舅"甥的继续对话作结果，环环相扣，层层设疑，如"山重水复疑无路，柳暗花明又一村"。

第三，要有启发性。

现场感教学，要有启发性。启发性就是教授新知识时不是直接叙述出来，而是通过提示、发问等方式引导、启发学生讲自己想讲的内容并归纳总结出来。如上述我以"同学们，此时我该怎么办？""这个'舅'侵犯了我的什么权利呢？""言之有理！那什么叫隐私？什么叫隐私权呢？""但是在网络环境下，我还是被人侵犯了！这给我们带来什么样的警示呢？""这是我最担心的地方——我的外甥被骗钱了吗？"等问题来引导、启发学生去思考，而不是直接叙述出来。苏格拉底说："用理性思考去认识你面对的一切。现象是感官所得，理性思考才能洞悉矛盾的本质。"启发学生思考，是老师的责任。

（本文发表于《中学政治教学参考》2016年第11期）

二、问题教学实践

　　现代思维科学认为,问题是思维的起点,任何思维总是指向某一具体问题的;问题又是创造的前提,一切发明创造,都是从问题开始的。正如陶行知概括所说:"发明千千万,起点是一问。"由此可见问题教学对智慧教学的重要性。

1. 问题教学的"抛锚探究"策略

受"问题的解决,需要利用问题情景提供线索"的启发,我积极探讨问题教学的"抛锚探究"策略。

所谓问题教学的"抛锚探究"策略,是指在课堂教学中,为了完成教学目标和教学任务,利用问题情景提供的线索,引出系列问题,通过探究求得解决问题的方法和过程。

谁来为我作证

图 2-1

1.1 关于"抛锚"

要注意两点:一是选什么作为"问题情景",二是引出哪些系列问题。

例如,我在"见义勇为,同违法犯罪做斗争"一课的教学时,在认真备好教材内容和教学目标以及了解学生情况和现实情况的基础上,选择漫画《谁来为我作证》(如图 2-1)为"问题情景",并由漫画引出学生思考的系列问题:

"这幅漫画可以分为几层画面?""漫画中发生了什么事情?""你认为漫画反映了什么问题?""法律对'见义勇为,同违法犯罪做斗争'有什么规定?""青少年应该怎样同违法犯罪做斗争?"等。

"抛锚"一般要考虑三个标准:第一,问题情景是否反映了国家工作和社会生活的重点、热点;第二,问题情景是否体现出教材内容的联系点以及思维形成的散发点或聚集点;第三,问题情景是否贴近学生思维的发展点。

只要符合上述标准,不管是故事、谜语、漫画或者实物、多媒体等都可以是"问题情景",为教学所用。"抛锚"的好坏直接关系着学生参与学习探究的兴趣和热情。由于上述问题的情景选得精妙,所以课堂教学生动活泼,富有创造性。

1.2 关于"探究"

抛锚之后,要靠探究求得问题的解决。可以这样说,探究的过程,就是问题解决的过程。由于探究是缘问题而起的,所以,不同的问题,探究就有不同的策略。

1.2.1 限答性探究

限答性探究通常是就事实问题,用回忆、复述或规定(下定义)的方式以获取关于某一事件的大概轮廓、时间顺序、详细情节和具体事实等。以"见义勇为,同违法犯罪做斗争"为例:

大意——这幅漫画可分为几层画面?(略)

细节——漫画中发生了什么事情?

一歹徒在打劫一妇女的钱包;许多人在围观,就是没人帮忙;执法者抓住歹徒了,但谁也不愿意作证。

规定——法律对"见义勇为,同违法犯罪做斗争"有什么规定?

见义勇为,同违法犯罪作斗争,既是公民义不容辞的责任,也是法律赋予公民的权利。

1.2.2 开放性探究

不求固定模式来确定答案,可以自由发挥阐释,或要求预测,或要求推断,或要求扩展，或要求区分，是拓宽教学的主要媒介。仍以"见义勇为，同违法犯罪做斗争"为例：

预测——见义不为有什么危害？

国家和人民的利益遭受损害；客观上纵容和支持违法犯罪；自己变得懦弱、自私等。

推断——见义勇为的情况将是怎样的？

大家伸手相助，有的……，有的……，很快就把歹徒制服，执法者到来时，大家把歹徒交给执法者依法处理。

阐释——法律对"见义勇为，同违法犯罪做斗争"有什么意义？

协助执法机关及时侦破案件、惩处违法犯罪；有效预防和减少犯罪；公民从中受到教育，得到锻炼等。

1.2.3 反思性探究

反思性探究的重点在于激发学生结合个人经验，解释或总结自己的感觉、态度和观点，通过事件与学生个人经历的联系，发展学生的道德和价值观。例如：

感觉——结合你的经历谈谈你对这幅漫画的感觉？

一些社会成员道德水平较低，缺乏正义感，见义不为；被害者胆小怕事，忍气吞声，不敢同违法犯罪行为做斗争，依法维护自己的合法权益；执法者执法有时得不到人民群众的配合和支持等。

态度——你对见义不为和见义勇为的态度如何？

对见义不为，应该谴责，对见义勇为，应该赞扬，应该学习等。

观点——面对违法犯罪行为你应怎么办？

既要敢于又要善于同违法犯罪行为做斗争：稳定歹徒，记住相貌，看清去向，打"110"报警等。

问题教学的"抛锚探究"策略，有利于营造民主和谐的教学氛围，有利于通过头脑风暴原理达到相互启迪、互相补充、互相影响，在集体思维的协助下顿悟解决问题的方法。"抛锚探究"无非是个例子，目的在于引导学生学会求知、学会探究、学会创新。因此，在问题教学中一定要把思维时间留给学生，让学生自己来阅读、思考和探究。

（本文发表于《中学政治教学》2001 年第 4 期）

2. "情境、问题、阅读、探究"教学

《全日制义务教育思想品德课程标准(实验稿)》指出:人的思想品德是通过对生活的认识和实践逐步形成的。重视学生个体的情感需要,引导学生丰富生活内涵,在追求美好生活的过程中提升生活境界,是道德与法治课堂的必然追求。为此,我们进行了"情境问题、阅读探究"的教学尝试,并取得一定的教学效果。下面以"日新又新我常新"为例进行说明。

2.1 情 境

"日新又新我常新"一课的主要内容是"正确认识自己的方式和途径"。七年级学生喜欢活动化的学习,根据文本材料,笔者创设了如下"情境小剧":

情景:一个夏天的中午,在一辆坐满人的公交车上。

我:(上车,运气不佳)没有座位。(站在老人座位旁边,旁边的座位上坐着一位漂亮姑娘)那优雅的坐姿让我感到赏心悦目。

(不久,上来一位抱着婴儿的农村妇女,站在我们身边。车子颠簸得厉害,那妇女一手紧紧抓住扶手,一手抱着哇哇啼哭的婴儿,随着车子摇晃着身体,不时碰到坐着的那位姑娘。)

农村妇女:(不好意思)对不起,对不起。

姑娘:(皱紧了眉头,急促地拍打着衣服,闪开身子)真倒霉!(一边将头转向了窗外)

我:(再看她,她仍以刚才的姿势坐着,我却再也不感到赏心悦目了)

"学习的最好刺激,乃是学生对所学材料的兴趣。"所以,根据学生、知识内容的特点和教学目的,创设形象、生动、感人、直观、生活化的教学情境,使学生如临其境,感同身受,激发学习兴趣。情境是指激发学生认知发展和参与行为的情景、场景、背景、条件等。一般来说,情境有如下特性:

第一,诱发性。情境材料能激发学生的学习兴趣,调动学生积极思考,能使学生开展自主合作探究学习,将材料和书本理论联系起来,发现或捕捉到材料与理论之间的内在联系,感悟道理,增强能力,提高素质。

第二,针对性。能紧扣教学目标,突破重点、难点。

第三,导向性。道德与法治课的性质决定其情境选择必须有利于引导学生树立正确的情感态度价值观,引导学生成为具有良好品德的合格的公民。

第四,典型性。这是学生在现实生活中普遍关注却又不易弄懂的焦点问题,能揭示学生的思维误区。

第五,生活性。当学习的材料与学生已有的知识和生活经验相联系时,学生对学习才有兴趣。教师的情境创设越接近生活,就越容易引起学生情感心理上的共鸣,促进学生知识的迁移和思想观点的重建。

2.2 问 题

在课堂教学过程中,教师既要重视教学情境的创设,又要关注情境的问题设计。因为问题是思维的起点。学生的思维总是由问题开始的,并且在解决问题的过程中得到发展。所谓奇异、惊奇、好奇、怀疑等,都是构成问题的要素,是引起学习活动的主要原动力。结合上述情境材料和所学知识设计如下问题:

(1)"漂亮"姑娘为什么不能令人赏心悦目?

(2)这位"漂亮姑娘"的言行给我们带来什么样的警示?

(3)老子说:"知人者智,自知者明。"说说我们可以通过哪些途径认识自己。

教师只有依据具体教学目标、结合情境材料恰当设置问题,才能引起学生的认知冲突、激发学生的求知思考,让学生的思维在问题思考与探索中得到促进与发展。问题设计应注意：

问题设计要有利于互动。教师通过有效的问题设计，在教与学、学与学的情境互动中，改变以往"单边活动""传话式"的教学方式，最终形成一个多维的情境互动交流。

问题设计要有层次性。教师在设计问题时，应尽可能地设计科学的、有梯度的、有层次的问题链，考虑好问题的衔接和过渡，用组合、铺垫或设台阶等方法提高问题的整体效益，还要注意在教学中及时引导学生对问题讨论结果进行有机整合，形成系统的认知结构。

2.3 阅　读

"学而不思则罔，思而不学则殆"，这很好地说明了学与思的重要性。两者不可分割。理论要联系实际。阅读是学习的重要方式。通过阅读，让学生自己去获取，去寻觅，去掌握，自主建构知识，感受读书的乐趣，激发更强的读书欲望，从而形成习惯。

阅读把追求学问变成学生自觉自愿的行动，有助于增强学生的主体意识、发展学生的主体能力，达到塑造学生主体人格的目的。在阅读过程中，能再次强化大脑皮层已有的语言信息，使大脑中业已形成的联系系统更为完整、严密。

学生在阅读中，开启自己的内心世界，激荡起品味人生、升华人格的内在欲望，达到"此时无声胜有声"的效果，促进学生独立、自然地成长，其效果远胜于教师口干舌燥的说教。

阅读是为了建构知识。知识的有效建构要求学习者能够将书本知识转化为其自有知识的组成部分，能及时、准确地提取解决问题所需要的知识。认知心理学认为：人类的认知活动过程不是一个被动地接受或加工信息、符号和解决问题的过程，而是一个主动、积极地加工和处理输入信息、符号与解决问题的动态过程。

2.4 探 究

探究是学生对知识的感悟、体验和加工的过程，是知识和情境材料对接的过程。

合作学习，学生在交流中相互借鉴。在问题情境中，搜集和组织与问题相关的资料，分析资料，根据资料进行推论或得出结论，以解决问题。合作有利于积聚不同的思维，加工和互搭认知的"脚手架"，推进认知深度，有利于把所学的知识应用到情境问题的解决中去。

师："漂亮"姑娘为什么不能令人赏心悦目？

生："漂亮"姑娘只是外在形象美，但是缺少美德。所以，不能令人赏心悦目。

师：从哪些地方可以看出来？

生：坐姿优雅，这是说她的外在形象美。当抱着婴儿的农村妇女因车子颠簸得厉害，不时碰到坐着的那位姑娘时，"漂亮"姑娘皱紧了眉头，急促地拍打着衣服，闪开身子，一边说："真倒霉！"一边将头转向了窗外。这些言行反映出"漂亮"姑娘缺少美德，内在素质不美。

师：这位"漂亮姑娘"的言行给我们带来什么样的警示？

生：一个人的美应是外在美与内在美的和谐统一，内在美对外在美起着促进作用。

生："金无足赤，人无完人。"每个人的外在形象与内在素质都存在着优势与不足，全面认识自己，既要看到自己的优点，也要看到自己的缺点。

师：以上是从全面的角度来谈。如果从发展的角度来看呢？

生："漂亮姑娘"如果能认识到自己的不足，增强美德修养，就会真正漂亮起来。

师：可见，每个人都是变化发展的，自身的优点、缺点也不是一成不变的。我们要用发展的眼光看待自己，通过不断改正缺点来完善自己。"知人者智，自知者明。"下面来说一说我们可以通过哪些途径认识自己吧。

生：通过自我观察认识自己，通过他人了解自己，通过集体了解自己。

师：好。能结合"漂亮"姑娘的材料来谈谈"通过自我观察认识自己""通过他人了解自己"的方法吗？

生1：我来谈"通过自我观察认识自己"。"漂亮"姑娘与农村妇女在车上的一幕，"漂亮"姑娘可以观察到自己的言行，反省出自己缺少爱心、让座助人的美德。最了解自己的人是自己，要认识自己就一定要做个有心人，反省自己在日常生活中的点滴表现，总结自己是一个怎样的人。

生2：我来说"通过他人了解自己"。"漂亮"姑娘通过"我"对她再也不感到赏心悦目的评价，了解自己。一般来说，当局者迷，旁观者清，周围人对自己的态度与评价，能帮助我们认识、了解自己。

对材料有效处理，从思维角度来看，材料分析要掌握好分析与综合的统一。分析，意味着要从问题的要求出发，对材料进行分解，在分解中提取有效信息；综合，意味着要整合零碎的信息，并找到信息的内在逻辑关系。

在课堂教学过程中，我们要以学生为本，根据学生身心发展和学习内容的特点，关注学生的个体差异和不同的学习需求，爱护学生的好奇心、求知欲，充分激发学生的主动意识和进取精神，培养学生主动探究、团结合作、勇于创新的品质。教学中要坚持价值引导与自主建构相统一的原则，尊重学生探究的需求、获得新体验的需求、获得认可与欣赏的需求，使学生的经验得到激活、丰富和提升，知识得以建构和运用，技能得以形成、巩固和熟练，学习策略得以丰富和完善，情感得以丰富和升华，态度和价值观得以形成和完善。探究学习的特点是学生在学习过程中能够获得理智能力发展的深层次体验，有助于学生获得自我知识建构、掌握解决问题的方法，有助于学生探索精神和创新能力的形成和发展。自主学习强调学生学习的主动性，合作学习强调学生学习的互动性，探究学习强调学生学习的探索性，目的都是为了使学生学得更主动、更积极、更深入、更生动、更有效，为他们将来的学习、生活和工作打下良好的基础。

如何在研究型课程中进行探究学习？

第一，营造让学生发现问题的气氛。促进学生思考的一个重要条件就是要确立一个有吸引力的目标，也就是说，教师应充分地重视和艺术地运用目标的激励作用；要营造民主的气氛，它包括不批判、鼓励提问、自由发言等原则。这一步是为了启动学生的思维和调动他们探究的心性。

第二，选择有价值、有吸引力的问题。教师一方面要严格地审视问题的意义，另一方面要全面地考察学生的兴趣和能力状况。

第三，重视反馈和指导。学生的研究毕竟不是一种成熟的研究，他们的反思能力不高，很多时候自己很难觉察毛病出在什么地方，需要教师给予恰当的反馈和指导。当然，随着学生探究能力的提高，教师的反馈和指导应相应地减少，直至最后抽走"支架"，完全让学生独立探究。

第四，实行过程性评价。大多数学生探究的价值在于他们探究的过程，因为他们从中知道了怎样探究并体验到探究给他们带来的快乐，从而养成了深究的习惯和心性，这才是让他们终身受用的东西。

3. 思想的课堂　质疑更精彩

中学生要避免违法犯罪的发生必须（　　）

A. 不做法律禁止的事

B. 自觉纠正严重不良行为

C. 远离有不良行为的同学

D. 自觉遵纪守法

师："这是一道多项选择题，你怎么选？"

一部分学生："选 ABD。"

另一部分学生："选 ABCD。"

分歧集中在选不选 C。课堂热闹起来了，像炸开的油锅。

"那就摆理由吧。"

认为要选 C 的同学，列出的理由有三：一是"近朱者赤，近墨者黑"；二是"违法犯罪"没有不可逾越的鸿沟；三是不良行为发展下去会演变为违法犯罪，所以要防微杜渐。

认为不选 C 的同学不甘示弱，列出的理由也有三：一是人应该互相尊重，"远离有不良行为的同学"是不尊重同学的表现；二是同学之间应该互帮互助，"远离有不良行为的同学"不利于班集体团结；三是应该远离的是"同学的不良行为"，而不是"不良行为的同学"。

可是这道题出题者给出的正确答案是 ABCD，我们应该怎么办？

一番思辨，学生都把目光投向我，想从我这里得到结论。说实话，我在认真聆听，也在深入思考，我也不认同出题者给出的正确答案。但我对持两种答案的同学，都很欣赏，欣赏他们的执着，欣赏他们的自信，这是难为可贵的。

所以，我为质疑的同学鼓掌！

师："这道题出题者给出的答案是 ABCD，我觉得，我们应该明辨是非，站在正确的一边，而不为书，也不为上。大家想一想：'中学生要避免违法犯罪的发生必须……'中的'必须'的含义是什么呢？"

学生们各有说法，有的学生翻阅《现代汉语词典》说："《现代汉语词典》中'必须'表示事理上或情理上的必要，一定要。"一番讨论，大家都赞成《现代汉语词典》对"必须"内涵的解释。

"显然，这是一道条件性因果关系的多项选择题。那么，中学生要避免违法犯罪的发生一定要'远离有不良行为的同学'？"

有同学说："未必。因为，一方面，'近朱者赤，近墨者黑'；另一方面，'近朱者未必赤，近墨者未必黑'。如果有较强的自制力，不但不会受不良行为的同学的影响，反而可以改变同学的不良行为。"

我说："可见，中学生要避免违法犯罪的发生未必'一定要'远离有不良行为的同学。"这样，同学们终于明晓，远离的是"同学的不良行为"，而不是"不良行为的同学"。

这节课的精彩缘于质疑。何谓质疑？我认为：质疑就是质询疑问，以求得问题的解决。有时，我们的课堂要慢下来，让质疑绽放精彩。质疑有如下几点意义：

第一，质疑可以引发学生思考联想。

亚里士多德有句名言："思维从疑问和惊奇开始。"质疑是开山斧，质疑是深耕犁，质疑可以引发学生由浅入深的思考联想。因此，质疑打破思维的平衡状态，出现活跃的不平衡，激求得新的平衡。质疑，启发学生深思熟虑。

第二，质疑可以激发学生探索研究兴趣。

质疑就是学生发表疑见、异见、创见，这是十分可贵的品质。学生有了质疑，想要求得问题的解决，就要探究一番。这时，学生可能翻书查资料，可能动笔写记录，可能讨论甚至争论。总之，学生眼、手、脑都要动起来。这有利于培养学生的合作精神和创新精神。

第三，质疑可以促进学生的知识整合。

质疑的过程，学生思考、联想、探究，又是学生对知识进行组织整合的过程。知识作为一个体系，是由点、线、面、体组成，学生通过质疑，实践着对知识的组织和整合。如，学生能把不良行为与违法犯罪联系起来，又想到个人与集体的关系以及互帮互助的关系，这就促进学生对所学知识的整合。

第四，质疑可以提高学生的语言表达能力。

思维称为内部语言，质疑是将思考的内部语言说出来或写出来，转化为外部语言，在转化的过程中使疑问明朗化、清晰化；反过来，思维的内部语言又要借助外部语言来发展，语言器官所发出的动觉刺激是思维不可缺少的。所以，让学生质疑，说出、写出心里所想，必然会促进学生内部、外部语言的双发展，从而提高语言表达能力。

第五，质疑可以培养学生的求知情趣。

大科学家爱因斯坦曾在自己的传记中写道："我没有什么特别的才能，只不过是喜欢寻根问底地追究问题罢了。"学生的质疑，正说明他们对质疑的问题感兴趣。学生能够经常质疑，他们求知欲望会更强，质疑的情趣也会更浓。这就是质疑的情趣效应。

三、事例教学实践

事例教学是以典型事例作为媒介,通过对事例进行收集、整理、体验、评议、内化和践行的活动教学过程。事例教学贵在能以一例贯穿始终,这样,能较集中地分析说理。事例教学重在理论联系实际,避免了泛泛而谈。事例教学可以充实课堂、活跃氛围、提高教学实效。

1. 实施事例教学 提升学生教养

1.1 对知识与教学的思考

作为教师,我们希望学生随着知识的增长具有相应的做人的教养。但往往不能如愿,为什么呢?原因可能有很多。若对课堂教学进行反思,不难发现:我们的课堂主要还是应付考试的训练场,平时注重的是知识,忽视的是教养。这就应了那句老话:"种瓜得瓜,种豆得豆。"毕竟,知识与教养既有联系也有区别。首先,知识不等于教养。在学生的头脑中,存在着两套系统:一套是显性知识系统,即我们可以用语言表达出来的符号、概念、命题、图示、公式和事实;一套是隐性知识系统,即学生待人处事的态度、价值观、习惯和信念等。前者是我们常说的"知识",后者才是我们所说的"教养"。这就是说学生拥有知识并不一定拥有教养。其次,知识可以转化为教养。只有当知识能渗透到性格结构之中,体现于日常的、细微的、不经意的行为之中时,知识才能转化为教养,而这一转化的必要中介就是丰富而深刻的体验。由此可见,缺乏体验的课堂教学是难以培养出有教养的学生的。

1.2 由举例到事例教学的提出

举例是增强道德与法治课说服力和吸引力的重要手段。但是,为了说明问题而举例，学生获得的仅是知识，而不是教养。通过实施事例教学，学生在事例中获得丰富而深刻的体验和感悟，促进了教学教养质量的提高。我们发现，学生越是主动地在事例中获得的体验和感悟，越是有利于促使知识转化为教养。我们在广东省教研室和东莞市教研室相关同志的指导下，对事例教学进行了深入的探索。我们认为：事例教学是以典型事例为媒介，通过对事例进行收集、整理、体验、评议、内化和践行的活动教学过程。

1.3　实施事例教学的具体做法

事例教学主要有对事例的收集整理，在事例中体验、评议事例，自主学习内化知识，尝试践行外化知识等五个环节。下面以初一"道德高尚、心理健康"一课的教学为例加以说明。

1.3.1　事例的收集整理

教学之前，师生收集有关课题的事例是实施事例教学的必要前提。我以曾喆为事例，引导学生收集有关他在"9·11事件"中的材料，主要事例整理如下：

曾喆，美籍华人（祖籍：中国广州）。2001年9月11日，他恰巧与上司一起，去世贸中心办事，当恐怖分子劫持的第一架飞机撞击世贸中心大楼时，他本来已经安全脱身。可是目睹那么多从熊熊大火和滚滚浓烟中逃生出来的受伤者后，他只给家人打了个电话，便很快重返救难现场，英勇牺牲在救人第一线。美国洛克电视台无意中拍到他现场救人的镜头：地上满是掉落的瓦砾和飞机残片，身穿白衬衫和卡其裤的曾喆手戴胶皮手套，正蹲在一位满面血污的亚裔妇女身边实施救护。

1.3.2　在事例中体验

教学时，首先让学生说说自己收集来的材料，然后就整理的材料，让学生参与表演，亲身体验事例中人物的思想和情感。这是实施事例教学的关键一步。教师如果能对学生的体验给予肯定和表扬，便可增加他们学习的积极性。学生通过体验和感悟，深刻地了解到曾喆为何被美国人称为"真正的英雄"，感悟到华人为之骄傲、广州的家乡人为他自豪的原因。从曾喆身上可以看出他正义、忘我、舍己救人的高尚品德，也可以看到他在救人过程中表现出来的勇敢、镇定、从容不迫的健康心理，这是曾喆身上可贵的地方。由于曾喆拥有高尚的道德情操和健康的心理素质，他工作出色、出类拔萃。曾喆的事例因新颖、真实、生动而深深地吸引、鼓舞、教育着学生。

1.3.3 评议事例

想要利用事例使知识转化为教养，最为重要的是促使学生对所用事例产生情感上的认同。如果采取由学生自由评议，说说自己真实的想法，来启发他们释疑解惑，有助于学生树立正确的价值观和正义感，也可以增加学生对事例的认同感。如有名学生说："人最宝贵的就是生命，曾喆因'心理健康和道德高尚'而牺牲生命，怎能说'道德高尚和心理健康'是人生的宝贵财富呢？"这名学生的疑惑引起了大家的议论。我是这样启发学生的："曾喆生前工作出色，业绩显著，一般人从新手升到银行官员要六七年时间，而曾喆只用了三年。这是他'道德高尚和心理健康'所得到的回报。在'9·11事件'中，曾喆明知危险，却把生死置之度外，这是取义成仁，更体现他'道德高尚和心理健康'的伟大和可贵。"

1.3.4 自主学习内化知识

知识的内化是一个学习的过程，能够自主学习往往可以缩短这个过程。"道德高尚和心理健康"到底是不是人生的财富？虽然从曾喆身上得以证实，但学生对知识的吸收和内化毕竟有个过程。让学生带着问题来探索学习，有助于实现知识的内化。我启发学生思考：（1）怎样才算道德高尚、心理健康？（2）道德高尚、心理健康对人有什么作用？从而让学生把书本的知识与曾喆的事例结合起来。这样的学习，使活生生的事例深刻地印在学生的头脑中，丰富了学生的体验，促进了知识的内化。如对"道德高尚"的理解，学生在原有认识的基础上，又提高了认识，认为：高尚的道德情操体现在行动上，应该是对自己的学习和工作有责任心，对他人要尊重和关心，对集体的事情要尽力尽责等；对"心理健康"的理解，学生认为：乐于交往、情绪健全和情感丰富、性格良好、有自制力、意志坚强、有良好的社会适应能力等是心理健康的表现。而以上两个方面，曾喆都做到了，并且做得很好，所以他道德高尚并且心理健康。学生通过自主学习认识到，具备了高尚的道德和健康的心理，能更好地发掘我们的聪明才智，能增添我们战胜困难的信心、勇气和力量，能使我们更好地适应社会生活，成为对社会有用的人。从道德高尚和心理健康对人所起的作用的角度来说，道德高尚和心理健康是人生的财富。

1.3.5 尝试践行外化知识

事例教学不仅是为了帮助学生学到知识，更重要的是帮助学生学会用知识来做什么。学生知道道德高尚和心理健康是人生财富并不是目的，目的是让学生拥有高尚的道德和健康的心理。我启发学生要以曾喆为榜样，做道德高尚和心理健康的人。怎样做呢？首先，要了解自己的道德水平和心理特点。有以下途径：通过比较来了解（如同曾喆比）、通过他人的评价来了解（如老师的评价）、通过心理测试来了解等。其次，要掌握正确的锻炼方法。例如，多读好书、参加社会活动、参加美育活动等。如果教学仅停留此水平上，学生是不会形成高尚的道德和健康的心理的。我们的做法是：让学生来践行，切实地把知识转化为教养。分四步进行：第一步，引导学生主动了解自己的道德水平和心理特点。把了解到的情况以书面的形式写出来，分析自己道德和心理品质有哪些优劣。第二步，确定自己的锻炼方法。如多读书，要明确读什么书；又如参加社会活动和美育活动，要确定做些什么。第三步，让学生切身来做。作为学校，应多创造一些有利于学生锻炼的条件。如推荐和开展读好书活动，举办读好书演讲比赛，开展社会公益活动和丰富多彩的校园养育活动等。第四步，小结。经过一段时间的实践，要求学生检查和小结自己在道德和心理品质方面有了哪些长进，在此基础上，组织学生交流心得。

1.4 实施事例教学的初步体会

实施事例教学以来，我们注意把课堂教学与学校德育工作结合起来，把知行统一起来，尝试在新形势下推广学生将知识转化为教养的做法。我们看到学

生教养的提高,由衷地感到道德与法治教学"两张皮"的现象其实是可以克服的。我们对事例教学的初步体会有如下几点:

第一,事例应该具有典型性和实效性。

事例不在大小,内容不在繁简,关键是看选取的事例是否具有典型性和实效性。所谓典型性,不仅在于事例当时产生的新闻效应,还在于事例与理论知识的内在联系性。所谓实效性,是指事例能够引起学生的注意,并使学生有所体验和感悟,这有利于学生把课程知识转化为教养。

第二,事例教学应充分发挥师生的互动性。

一方面,教师能否引导学生积极参与事例的收集整理,积极参与课堂讨论,是衡量事例教学成功与否的决定因素;另一方面,学生能否积极参与事例教学是学生能否将知识转化为教养的关键所在。所以事例教学要求师生要充分发挥互动性。

第三,事例教学是促进学生把知识转化为教养过程中的一种催化剂。

学生对事例有充分的认识、体验和感悟,这只是知识转化为教养的中介,还不是结果。我们还要把教与学、课堂与社会结合起来,让学生通过知识和社会实践规范自己的行为习惯。学生通过参与事例的收集、整理、体验、议论,促使知识内化,并付诸行为实践的过程就是学生逐步形成教养的过程。

(本文发表于《思想政治课教学》2003年第7,8期)

2. 学会合理消费

东莞市是珠三角经济最活跃的地区之一,许多学生家庭富裕,每月父母给予他们的零用钱数量不菲。社会上存在着的各种各样的消费观念会直接或间接地影响学生的消费行为,所以,学生中多少也会存在着各种不良的消费现象。通过小论坛的方式,贴近学生消费生活的实际,引导学生交流、讨论、学习,学生的消费意识和消费观念乃至消费技能在相互启发、相互碰撞、相互学习中得到提升。

2.1 消费统计

师:这节课,我们小论坛的主题是"理财·消费"。请看屏幕(如图3-1)——这是在座52位同学每月可支配零用钱的统计(CAI)。请同学们说说你们观察到的信息。

生:100~200元的有12人,占23%,200~300元的有21人,占40%,300~400元的有15人,占29%,400元以上的有4人,占8%。

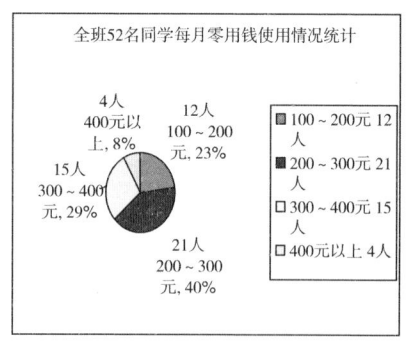

图3-1

师：统计数字显示（如图3-2），在座的同学都有可观的"财富"——零用钱。大家每月的零用钱收支状况又是怎样的呢？（CAI）

生：有节余的有18人，占35%；基本平衡的有23人，占44%；不够用的有11人，占21%。

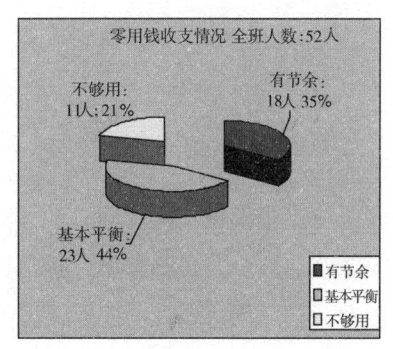

图3-2

2.2 消费访谈

师：同学们有同样的学习生活，花费却不一样。是不是可支配的零用钱少就意味着钱不够用呢？实际情况并非这样，在我们班上，零用钱多的同学，占零用钱不够用的同学比例最高。为什么呢？请大张同学说说。

大张：我每月的零用钱约400元。话费30多元，学习用品约50元，零食每天20元左右，每月往往超支100元。

师：大张有没有考虑过让自己的支出控制在400元以内？

大张：我觉得没必要那么节俭。

师：大张同学"觉得没必要那么节俭"的消费观念使他的消费处于比较高的水平，结果他的零用钱即使多却也不够用。小明同学每月的零用钱只有200元，却能节余25元。我们听听他是怎么样开支的。

小明：大家用于学习用品的开支是差不多的，应该都是50元左右，主要差别是零食的开支，我没有吃零食的习惯，饮水方面，许多同学购买2到3元一瓶的纯净水，如果喝好一点饮料花钱更多。我喝纯净水，但我一分钱也不用花。

师：为什么？

小明：学校不是有直饮机吗？我自己带水瓶接直饮机里的水，以一天喝两瓶来算，一天就可以省4-6元。

2.3　合理消费 ABC

师：根据以上两位同学的零用钱开支状况，我们是否可以这样说：钱多未必够用，钱少未必不够用，问题在于是否合理使用零用钱。由此看来，合理消费是一门学问。现在，随着经济的发展，商品日益丰富，人们的消费选择越来越多样化。消费选择的多样化也带来了消费选择的复杂化。让我们来听听小方同学的购物感受。

小方：最近我想购买一部随身听学习机，到商场一看，哟，品种很多，应该买哪种呢？

师：这时，影响小方选择的外在因素可能有哪些？

生：广告、同学推荐、推销人员的解说等。

师：影响小方购买的还有商品的内在因素，如可能看重商品的哪些特点？

生：质量、价格、款式、功能、品牌等。

师：作为中学生，我们的社会阅历还不够丰富，自己选择商品的能力还比较弱，应怎样消费才能多一些理性、少一些盲目呢？

生：第一，要先做出预算，把钱花在关键的地方；第二，要在自己的承受范围内购买物有所值且经济实用的商品；第三，不与周围的人进行盲目攀比、不浪费金钱。

师：有了这些参考，我相信小方同学会做出理性的选择。小方，能不能说说你的想法？

小方：我决定购买小霸王学习机。

师：为什么？

小方：因为"小霸王"是品牌产品，价格一百多一点，在我承受范围之内，功能也符合我的要求。

师：能理性的选择就是好选择！我们再来回顾大张和小明的消费，谁来做个评价？

生1：大张的消费没有预算，也没有处理好适度消费与注意节俭的问题，所以消费往往超支。这样做不太好。

生2：小明同学每月的零用钱才200元却还省了25元，这是他做出预算把钱花在关键地方的结果；他不与周围的同学攀比、不浪费金钱，如喝纯净水，他就一分钱也不用花。所以，小明的消费是理性的，值得我们学习！

2.4　消费面面观

师：大张，你赞同同学们对你的点评吗？

大张：消费是个人的事，各人有各人的看法。同学们指出我开支不预算，也不够重视适度消费，这是正确的，我接受。

师：给点掌声！（学生鼓掌）小明的身上的确有值得我们学习的地方，小明的行为体现了怎样的消费观念？

生1：我觉得小明的行为体现了注重节俭和适度消费的观念。

生2：我觉得小明的行为体现了绿色消费观念，他用水瓶装水喝，可以多次利用，这有利于社会的可持续发展。

师：学校是社会的缩影，同学的消费观念往往是社会消费观念的反映。随着经济社会的不断发展，人们的消费观念也在发生着变化，这种变化体现在哪里呢？

生：变化体现在享受与发展需求的住房、健康、教育、休闲、通信等支出占总支出的比重迅速上升。人们已经不只是局限于衣、食、住、行等基本需要的满足，而是更加注重通过消费来提升生活品质，追求更加健康文明的生活方式。

2.5　学会理财

师：享受与发展需求等支出占总支出的比重迅速上升，体现出人们更加注重通过消费来提升生活品质，追求更加健康文明的生活方式。我们再回到大张与小明使用零用钱的事上来。大张每月400元不够用，而小明每月200元还节余25元。大张超支的100元怎么办？

大张：我有时向爷爷奶奶要，有时从过年的压岁钱里拿，有时向同学借，有时向父母多要。

师：父母给吗？

大张：给。

师：父母对你这样的花钱态度满意吗？有过什么建议吗？

大张：说实在的，父母对我这样花钱是不大满意的。他们曾经提出要我少花点钱。

师：现在呢？你要不要改变一下消费观念？

大张：要。"物质生活水平提高，应该有适度的消费，但这并不意味着不要节俭。"这句话对我的触动很大。我也要学着合理消费。

师：好！我们真诚地希望大张能学会合理消费。小明，那你节余的钱怎么处理？

小明：我把它放在自己的储蓄箱里，多了就存到银行里。

师：学会理财，是我们必备的生活技能。如何让自己余钱保值或增值，大家有什么办法？

生：存进银行、买债券、买股票等。

师：不过现在我们的主要任务是学习，只需适当地了解这些理财知识就可以了。这节课我们共同探讨了有关消费和理财的问题。最后老师希望大家合理消费，学会理财。

3. 违法行为应该承担法律责任

我们可以以事例为媒介引导学生通过讨论、合作体验从而习得"什么是违法行为""违法行为的种类""一般违法行为应该承担的法律责任"等法律知识。学生通过运用所学的法律知识，帮助事例中的人物，探究避免违法行为发生的方法和途径，培养他们的人文精神并提高他们分析问题、研究问题、解决问题的能力。在教学中，我们可以通过师生互动，共同追求和实现"知识与能力、过程与方法、情感态度与价值观"的统一。

3.1 导　入

师：今日说法——我们以第七课第一框的内容（如图3-3）为题：违法行为应不应承担法律责任？

图3-3

3.2 评说事例

师：首先请看事例（如图3-4）。哪位同学来介绍一下？

> **事例** 某中学生张某与李某在一公园内，因购买游园节目门票，发生口角而撕打起来，造成公共秩序混乱，在撕打过程中李某被张某抓伤了手背，后来两人被园内工作人员劝开。大约一小时后，二人再次在园中相遇，李某认为刚才自己吃了亏，于是便趁张某不备，捡起一块砖头向张某扔去，击中张某头部致使张某受重伤。
>
> 1、张李二人的行为分别属于什么行为？
> 2、李某应承担什么法律责任？

图 3-4

学生甲：某中学生张某与李某在一公园内，因购买游园节目门票，发生口角而撕打起来，造成公共秩序混乱，在撕打过程中李某被张某抓伤了手背，后来两人被园内工作人员劝开。大约一小时后，二人再次在园中相遇，李某认为刚才自己吃了亏，于是便趁张某不备，捡起一块砖头向张某扔去，结果击中张某头部致使张某受重伤。

师：我想请两位同学来演一演。谁想来试一试？

学生乙丙，即兴扮演张李二人的上述行为。（过程略）

师：两位同学演得很像。谢谢两位。请同学们想一想并讨论下列问题：第一，张李二人的行为分别属于什么行为？第二，李某应该承担什么法律责任？

学生讨论。（略）

师：张李二人在公园内发生了什么事情？

生：张某与李某在一公园内，因购买游园节目门票，发生口角而撕打起来。

师：还有吗？

生：李某被张某抓伤了手背。

生：大约一小时后，二人再次在园中相遇，李某认为刚才自己吃了亏，于是便趁张某不备，捡起一块砖头向张某扔去，击中张某头部致使张某受重伤。

师：这些行为分别属于什么行为？

生：违法行为。

师：能不能具体一点，是什么违法行为？

生：张某与李某在一公园内厮打，造成公共秩序混乱，这是行政违法行为。（师插问：哪部法规有这方面的规定？）

生：《中华人民共和国治安管理处罚条例》。张某抓伤李某手背，这是民事违法行为。李某捡砖头击中张某的头致张某重伤，这是刑事违法行为。

根据学生回答，教师在黑板上相应做如下的板书（如图3-5）：

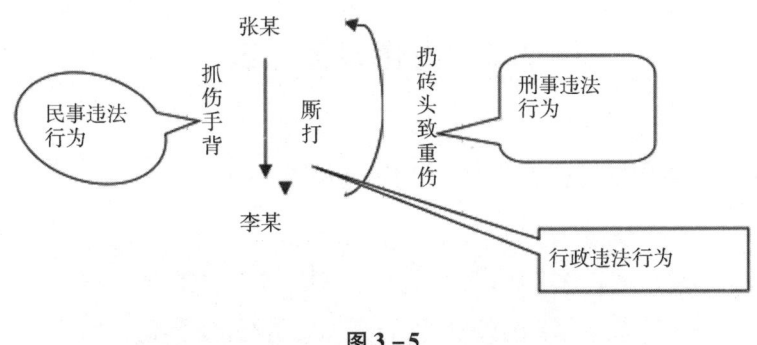

图3-5

师：张李的违法行为应该承担什么法律责任呢？

生：张李在公园内厮打，扰乱了公共秩序，两人应受到行政处罚；张某抓伤李某手背，要承担民事责任，也就是说张某要给予李某适当的医药费；李某扔砖头致张某重伤，这是犯罪，要受到刑罚处罚。

生：老师，我有补充。我觉得李某扔砖头致张某重伤，也应该承担民事责任，难道张某不要李某赔偿医药费吗？

师：这个问题提得好！同学们说呢？

生：要！

师：是的，我也赞成同学们的看法。一般来说刑事违法行为中，涉及民事违法的行为还要承担连带的民事责任。经过同学们的评说，我们对张李二人的违法行为以及他们应承担的相应责任有了比较清楚的认识。谁来综合叙述一下呢？

学生的叙述。（略）

根据学生对事例的叙述，老师进行归纳（如图 3-6）：

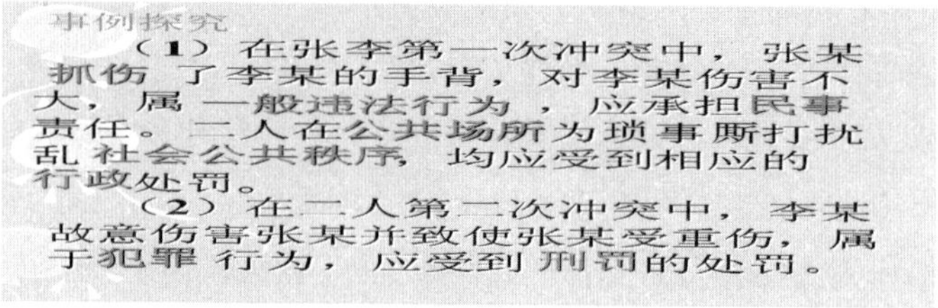

> **事例探究**
> （1）在张李第一次冲突中，张某抓伤了李某的手背，对李某伤害不大，属一般违法行为，应承担民事责任。二人在公共场所为琐事厮打扰乱社会公共秩序，均应受到相应的行政处罚。
> （2）在二人第二次冲突中，李某故意伤害张某并致使张某受重伤，属于犯罪行为，应受到刑罚的处罚。

图 3-6

3.3　内化课程知识

师：现在请同学们思考下面三个问题（如图 3-7）：

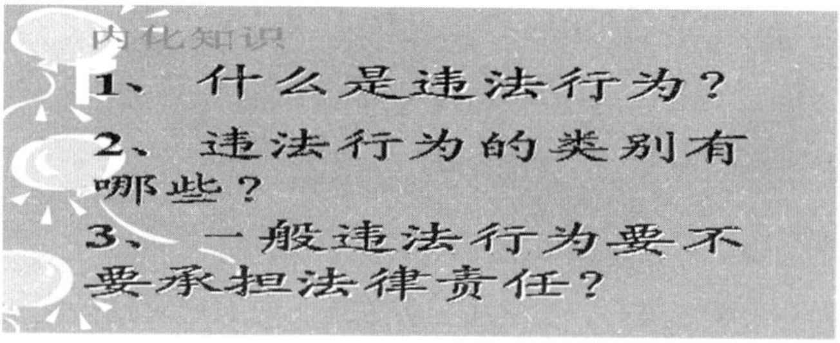

> **内化知识**
> 1、什么是违法行为？
> 2、违法行为的类别有哪些？
> 3、一般违法行为要不要承担法律责任？

图 3-7

学生看书并思考，过了一会儿，有学生开始举手。

师：什么是违法行为？

生：违反治安管理处罚条例的行为，未承担公民在治安管理中应该承担的义务，做出法律禁止的行为。

有学生议论，似乎不同意……

师：说得对。（学生的回答出乎所料，但是先顺着学生的思路）那么除了违反治安管理处罚条例的行为是违法行为，还有其他的行为吗？

生：拾到遗失物不还、家长不送未成年子女上学读书……

师：看来很多，概括起来就是——

学生们齐答：凡是不履行法律规定的义务或者做出法律禁止的行为，都是违法行为。

师：违法行为的类别有哪些？

生：违法行为包括违宪行为、刑事违法行为、民事违法行为、行政违法行为。

师：能不能简要解释一下？

生：违宪行为是指违反国家宪法的行为。如国家机关的活动与宪法的规定相抵触、公民的行为违反宪法的规定等，均属于违宪行为。

生：刑事违法行为是指违反刑事法律法规的行为。民事违法行为是指违反民事法律法规的行为。如欠债不还、拾获他人遗失的钱物不还、损害别人的名誉等行为，都属于民事违法行为。行政违法是指违反行政管理法律法规的行为。如违反治安管理处罚条例、违反交通管理法规、违反城市管理法规等行为，都属于行政违法行为。

师：刑事违法行为是严重的违法行为，就是我们通常说的犯罪。民事违法行为与行政违法行为又被称为什么行为？

生：一般违法行为。

师：回到我们今日说法的主题：违法行为应不应该承担法律责任？

学生们异口同声答：应该。

师：应该承担什么样的法律责任呢？请分别说一说。

生：在我国，一切违宪行为都要受到追究，任何组织或个人都不得有超越宪法的特权。

生：刑事违法行为应受刑罚处罚，如李某扔砖头致张某重伤应被判刑；民事违法行为要承担民事责任，如张某抓伤李某的手背张某要赔偿医药费等；行政违法行为要受行政制裁，它包括行政处分和行政处罚等形式。如违反治安管理处罚条例有关规定的违法行为，处15日以下拘留、200元以下罚款或者警告。

教师根据学生的回答，进行归纳并做简要说明（如图3-8）：

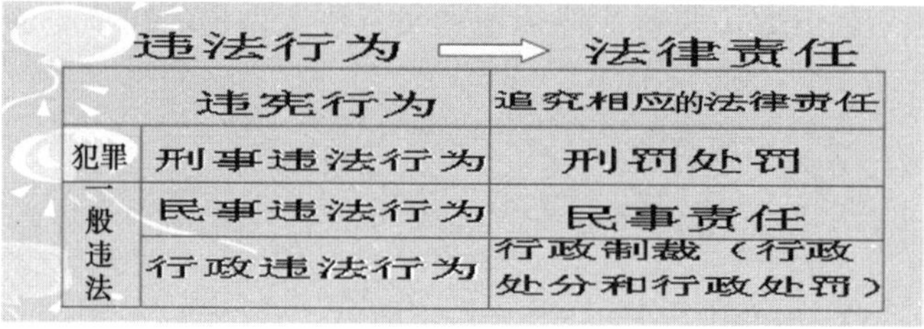

违法行为 → 法律责任		
违宪行为		追究相应的法律责任
犯罪	刑事违法行为	刑罚处罚
一般违法	民事违法行为	民事责任
	行政违法行为	行政制裁（行政处分和行政处罚）

图 3－8

3.4 议一议——悟理

师：但是，社会上有人认为，一般违法行为往往情节轻微，对社会危害不大，为什么也要受到制裁？（如图 3－9）

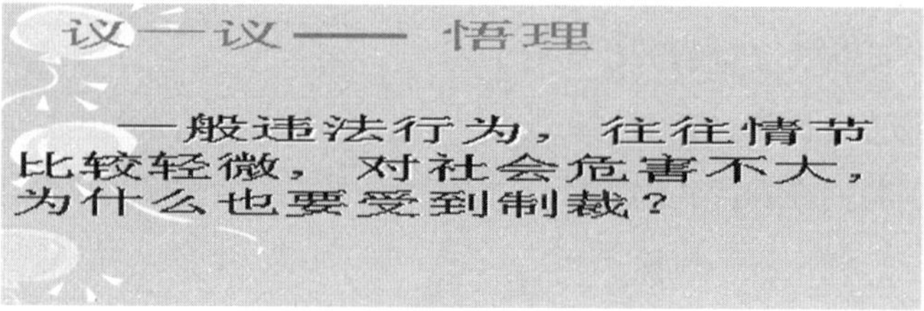

图 3－9

学生四人一组进行讨论。（略）

师：好了。谁来谈谈自己的看法？

生：一般违法行为会给国家和人民的利益带来损害，有些一般违法行为如不及时给予处罚和惩戒，还可能发展为犯罪。（老师插问：比如说——）比如说事例中的张李二人如果在第一次冲突中受到相应的处罚与惩戒可能就不会发生后来的悲剧了。不是有“小时偷针，大时偷金”这样一句老话吗？因此一般违法行为应承担相应的法律责任。

师：很有感悟。说得好啊！我们还可以从中受到什么启发？

生：我觉得凡是违法行为都应承担相应的法律责任。

生：我得到的启发是：大错往往是从小错开始的，所以我们要防微杜渐。

生：我想到：一个人在做事的时候要考虑后果。另外，做人要有责任心，有责任心的人往往不做违法的事，因为他知道那是要负法律责任的。

3.5 试一试——践行

师：同学们的话让我很感动！是的，我们每个人不但要守法，要防微杜渐，还要成为有责任心的人，为他人和社会做有益的事。下面就请同学们用自己的责任心，做自己力所能及的有益事情。也就是说，在上述事例的现场，如果你作为张某或者李某的朋友，你应该怎么办？（如图3-10）

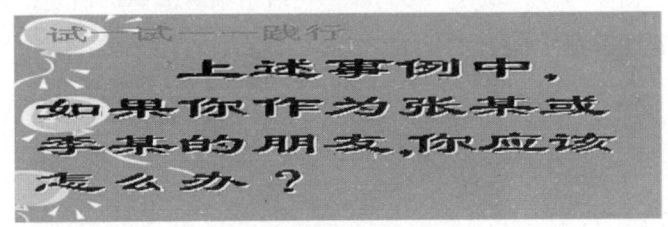

图3-10

学生在思考，教师请出张某和李某的扮演者学生乙与丙，来到讲台前。之后有学生举手。

师：下面请同学说说怎么办？

生（走到张某跟前）：我是张某的朋友。我会劝说张某不要同李某厮打，因为这是违法的，会造成公共秩序混乱，多不好。

生：当发现他们厮打的时候，我会马上走过来，劝走张某，然后再买票。我还会用第二课的知识说服张某，要维护公共场所的秩序。

生：我同意刚才两位同学的看法。如果是厮打已成事实，我建议我的朋友张某向李某道歉，请求李某原谅，并主动给予李某适当的医药费，这样就可能避免后面的事故发生。

生：（拉着李某）算了。人家也道歉了。我们就原谅他这一次。

生：我发现朋友张某受了重伤。我会报警，并打120。当然我还要设法不让李某逃跑。最后还要李某赔偿医药费。

……

师：看来，我们多数同学是设法避免第二次冲突的发生。当第二次冲突发生，事故已成为事实时，同学们还能懂得报警，懂得请求救护，懂得运用法律武器来保护朋友的合法权益，说明同学们已经学到不少法律知识，能够做到学用结合。这里，我谢谢同学们的真情帮助。有一句话说："赠人玫瑰，手留余香。"是的，给人帮助，也是提高自己。事例中发生的事情是令人沉痛的，我们愿这样的事情不再发生。作为张某和李某的扮演者，你们想说点什么？

生丙：我们要学好法律知识，要依法律己，做知法与守法的好公民。

生乙：我们也要有一点宽容心，不要为一点小事就发生争执。

师：好，谢谢两位。最后，我们以一句话结束本节课的话题，就是：违法行为应该承担法律责任。

（本文发表于《中小学教材教学》2004年第20期）

四、探究教学实践

　　探究教学，是指在教师的主导下，充分调动学生的积极情绪，充分发挥学生的主体作用，创造出能让学生主动参与、自主探究的机会与空间，让学生经历与社会科学工作者进行社会科学研究时相似的过程，这不仅能使学生获取知识，而且还是可以经历获取知识的过程。苏霍姆林斯基曾说："人的心灵深处，总有一种把自己当作发现者、研究者、探索者的固有需要。"教师应激励和引导学生到探究学习的道路上来。

1. 探究型活动教学

探究型活动教学，是指在教师的主导下，充分调动学生的积极情绪，充分发挥学生的主体作用，使学生主动运用有关资源（教科书、课外书、网络多媒体、社会生活等）进行探因究果式的学习与调研的活动教学过程。

探究型活动教学主要分为两个课型或者说是两个环节：第一，探究性学习，这是基础；第二，探究性调研，这是应用，是学习的深入。

1.1 探究性学习

探究性学习主要是"以案学法"，指通过一定的案例情境、设疑、引趣、启思，使学生自主学法，学会学法，初步具备解决案例问题的能力。可以是一个案例，也可以是几个案例的组合，同时可以借助多媒体网络增加学习的形象性和生动性。以"公民在婚姻关系中的权利和义务"一课为例进行说明，本课共有两个框题，用两个课时完成。（注：其他课可视内容多少安排课时，通常都要按课程计划安排。）

准备案例。要求案例密切联系课题内容，涵盖课本的有关知识，要有现实的生活气息，从而能引起学生探究学习的兴趣和动机。例如：

小张的父母早亡，被人合法收养。后来养父母有了亲生儿子，就视小张为多余的孩子，经常对她拳脚相加，不让她上学。她18岁那年，养父母在邻村给她找了个男人，在村干部的参与下，摆了几桌酒席，就宣布二人结为夫妻，小张养父母的做法对吗？为什么？请分析。

1.1.1 个体自主探究性学习阶段（第一课时）

激疑引趣。用多媒体制成形象画面导入，然后投影上述文字。这样能唤起学生的积极情绪，使学生产生愤愤然与跃跃然的思维状态。接着，简说学习本课的现实意义，进一步唤起学生参与学习的强烈欲望和饱满的求知热情。

自主探究。教师要引导学生阅读教材，注意"圈、点、勾、划"，标出本课的知识要点，初步把法律知识与案例材料联系起来，尝试探因究果。学生可以以"法律知识—联系—案例材料"线索为进行思考。

激励点拨。教师要使学生的探究学习指向明确，使学生的精神始终处在最佳状态。同时对自学存在一定困难的学生，要特别关爱，对他们多一点"点拨"，使他们也能体验到探究学习的乐趣和获得成功的喜悦。

这个阶段，学生始终是主动的学习者，他们动眼、动脑、动手，看、思、写结合，既要自主发现课题面的知识，又要有侧重地运用相关的知识点，解决案例中的疑难。这种点面都要兼顾的探究性学习，着实让学生"大有作为"。

1.1.2 合作交流探究学习阶段（第二课时）

这个阶段，学生既可检验个体自主探究性学习阶段的成果，也可以培养自己同他人合作交流的能力。在这个过程中，学生相互启发，相互提高，共同进步。

小组探究。学生在小组里（小组人数以5—6人为好），合作交流，学习心得，发表对案例问题的看法。小组合作交流的气氛往往比较活跃，学生之间互相启发，容易分享共同探究学习的成果。

班级探究。经过小组合作交流，学生对案例问题的回答基本形成了共识。之后，由小组成员推举一名代表参加班级的发言。各小组代表的发言，较之小组里的发言，更为精彩了。

点评总结。首先，教师对各组的发言给予恰当的点评，肯定成果，同时指出存在的不足，使学生既看到成绩，又发现问题。然后，教师引导学生进行课题知识的归纳性总结，使学生既能在整体上对知识有面的把握，也能在知识点上有突破。我们要注意两点：第一，对本案例未涉及的知识点不要忽略；第二，对本案例的解题思路，要尽量根据各组的发言，归纳整理出最佳的方案。（如图4–1.2）

(1) 顺向思考

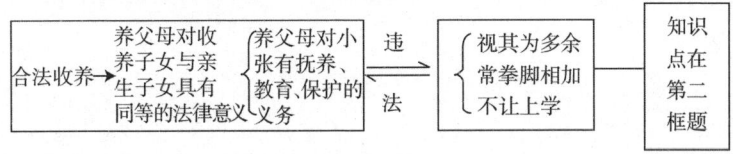

图 4-1

(2) 逆向思考

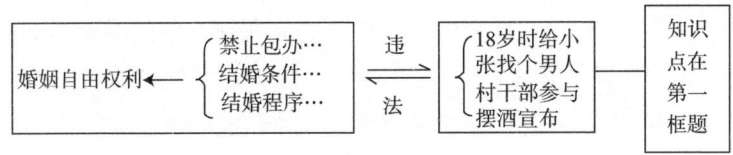

图 4-2

说明：(1)"→"表示顺向思考，即从合法收养开始推论（演绎法），最后与小张养父母的行为联系小张养父母：视小张为多余，歧视小张；常拳脚相加，伤害小张；不让上学，没有好好教育小张。得出结论：小张养父母的行为是违法的，侵犯了小张被抚养、教育、保护的权利。"⇌"表示法律知识与案例材料的联系过程。

(2)"←"表示逆向思考，即从小张养父母的行为开始，一一与相关的法律知识联系（分析归纳法）：小张的养父母在小张18岁时给她找个男人，不符合结婚条件；请村干部参与、摆酒宣布二人成为"夫妻"，不符合法律程序；养父母给小张找个男人，还有包办婚姻的色彩。分析归纳后得出结论：小张养父母的行为是违法的，侵犯了小张的婚姻自由权。

对上述思路的进一步简化即是：

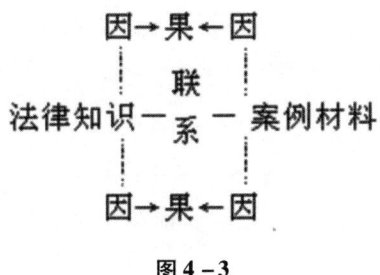

图 4-3

可见,"以案学法"的这种探究性学习,核心部分就是探两因究一果,也就是把法律知识与案例材料(两因),通过联系(接触)得出结论(一果)的学习活动过程。

1.2 探究性调研

探究性调研主要指社会调查研究。学生进行探究性调查,有利于培养其创新能力。但值得注意的是,探究性调查应该建立在探究性学习的基础上,是学生可能达到的"最近发展区",是"学生跳一跳,就能摘到桃子"的,绝不是可望而不可即的海市蜃楼。这样能使学生发挥主动性,积极参与。

例如,我校在学习"公民在政治生活中享有重要权利"一课时,根据课后练习"活动建议"进行市场秩序调查。刚好《南方日报》(见2001年4月18日)焦点新闻报道:"黄江何以盛产'名车'?"这报道一时在我镇传得沸沸扬扬,在学生中也引起了反响。所以,我以这条线索引导学生进行更深入地跟踪调查。由于"名车"事件就发生在学生的身边,平时已有所见闻,只是熟视无睹罢了,现在学习了法律课,学生知道了这些"名车"实际是非法的"垃圾车"。它们的危害极大,严重破坏经济秩序。所以,在进行这项跟踪调查时,学生表现出特别的兴趣和关注。许多学生表现出强烈的社会责任感,他们表示一定要深入跟踪调查这一事件,使用宪法赋予自己作为公民的民主权利,向有关部门提出铲除"垃圾车"的合理化建议。

为使跟踪调查有的放矢,我制订了一份调查表供学生参考(如下)。

跟踪调查表

①"名车"主要分布在哪里?现在转入地下的在哪里?
②生产"名车"的"工厂"有多少?老板是本地的还是外地的?各多少?
③"名车"是怎样被"生产"出来的?
④原件来于何处?"名车"销往何处?
⑤"名车"给社会带来什么危害?这说明了什么?
⑥为了整顿我镇市场秩序,重塑我镇形象,对"名车"问题,你有何建议?

进行探究性调查，要做好下面几项工作：第一，要做好宣传工作。教师要把调查工作的意义告诉学生，激活学生已有的知识储备，激发学生的兴趣与探究动机。第二，要选准调查课题。教师要充分利用本校与本地区各种教育资源选题，这样使课题指向更明确，更能吸引学生积极参与。第三，要制订调查计划，确定具体的调查方法和途径。第四，调查过程要落实到位。主要是掌握第一手资料，使学生获得感性认识和体验。然后，分析与综合形成观点、建议、设想等，最后写出调查报告。第五，成果展示及评价。这个工作不可忽视。研究成果的展示交流，可以使学生彼此启示，便于取长补短，具有提升情感认识、强化探究欲望、激发自信心、优化学习策略、激励深入创造的共振效应。

1.3　主要体会

经过近两年的尝试，法律探究型活动教学取得了阶段性的成效。我体会到其具备如下几点作用：

第一，充分体现了教师的主导作用和学生的主体作用；

第二，有利于形成民主、和谐、平等、合作的教学氛围；

第三，有利于教师因材施教，使学生获得学习的成功体验；

第四，有利于学生体验公民角色，从而增强学法、守法和护法的自觉性，增强学生的社会责任感；

第五，有利于学生贴近生活，开阔视野，增强见识，促进知识与能力的同步建构；

第六，有利于学生开启创新精神，向创造性人才发展。

（本文发表于《思想政治课教学》2001年第7,8期）

2. 巧设探究提高体验实效

"在活动中体验，在体验中探究，在探究中践行"是道德与法治课的新教学理念。如何在教学活动中体现这一理念让许多教师感到困惑。在教学实践中我发现，体验与探究是相辅相成的，体验可以促使探究，探究又可以增进体验。所以，在教学活动中教师应巧设探究，提高学生的体验实效，帮助学生践行。下面试举几例说明。

2.1 巧编顺口溜，体验文化的和谐共处

教师教"多元文化'地球村'"（人教版八年级上册第五课）时，引领学生体验世界文化之旅，观察各具特色的文化习俗，感受丰富多样的文化，不难发现，生活在不同文化背景中的人，有不同的待人方式。例如，小雪的班上转来一个美国女孩，叫 Mary。她性格开朗，不拘小节，乐于助人，可有时又显得"斤斤计较"。有一次，她邀小雪出去吃饭，结账时却说一人一半。小雪觉得 Mary 真小气。还有一次，Mary 过生日，邀请同学到她家。小雪带了漂亮的礼物，没想到 Mary 把她迎进门之后，便迫不及待地拆开礼物，然后兴奋地说："太漂亮了！谢谢你。"小雪想："真是没礼貌，起码要等到送走客人，才能把礼物拆开呀。"小雪与 Mary 在交往中出现的行为方式的差异，反映出，中国人的含蓄和美国人的率真。这美丽的误会，正是中美文化背景不同导致的。那么，应怎样与不同文化背景的人共处呢？

我启发学生畅谈做法，然后巧编顺口溜，大大地激发了学生的兴趣。学生

们边讨论,边编写,边品读,试着探究,乐着体验。不久,学生们就有了各自的成果,经汇总归纳,形成了这样的顺口溜:"消误解,持客观,提高鉴赏力;不设防,多关注,不妄下断言;找相似,随乡俗,尊风俗习惯;探技巧,不卑亢,以礼来相待……"学生读着自己参与编写的顺口溜,别有一番意味!

2.2 巧演小品剧,体验待人有礼的好处

教学"友好交往礼为先"(人教版八年级上册第七课),教师需向学生讲明礼貌显魅力的道理:礼貌,包含着对他人的尊重、宽容、谦让和与人为善等良好品质。是否文明礼貌,绝不是个人的私事,也不是无足轻重的小事,它能表现出一个人是否具有道德修养,会影响到人际关系的质量。礼貌反映我们自身的素质,展示我们的风采。有了礼貌,就有了与人交往的亲和力。对人没礼貌,会对别人造成伤害,妨碍我们与人交往。怎样才能加深学生对这番道理的理解呢?

我引导学生利用文本的情景巧演小品剧。一位顾客来到餐饮店,要了一杯热奶和一杯柠檬汁。他在热奶中加进柠檬汁准备饮用,发现牛奶结了冰。他大发雷霆,责问服务员:"怎么是变质的牛奶?"第一组情境对话:服务员走过来,很不礼貌地说:"你怎么连这么简单知识也不知道?热奶中加进柠檬汁会起反应!"服务员态度冷漠,盛气凌人,有理不让人,结果惹怒了顾客,引发了争端,激化了矛盾。另一组情境对话:服务员很有礼貌地将"变质"的牛奶端走,微笑着送上一杯新奶,并对客人说:"热奶加柠檬汁会起反应,您最好分开喝。"由于服务员态度亲和,用微笑来送上一杯新奶,用商量的口吻来说话,结果客人听后面露羞愧之色,连声道歉,化解了矛盾。巧设两组情景对话,使课堂生动有趣,学生们能真实地感受到待人有礼与无礼是大不一样的。这样讲礼貌的道理就深刻多了。

2.3 巧用新鲜事,体验男女交往的尺度

教学"男生·女生"(人教版八年级上册第三课),需要引领学生正视异性

同学间的交往。随着青春期的到来，学生的生理和心理都发生了一系列的变化，开始关注异性，渴望接触与了解异性，甚至可能萌发对异性的好感或爱慕之情。这是正常、自然而又美丽的事。但是，现实生活中许多学生的认识不足，走进了误区，还不以为然。男女同学之间到底应怎样进行正常且健康的交往呢？又应怎样保持与异性同学之间的友谊呢？

我巧用《南方日报》报道的新鲜事：一个注册名为"顺德情侣"的新浪微博在网上获得极高的点击率，博主声称收到顺德区内学生情侣的照片投稿，已有39对学生模样的男女发照片和真名"晒"情侣照，其中不少是学生穿着校服的照片。就读于顺德某校的小潘在微博上看到同校同学"晒"照片的行为后表示："我不赞成中学生谈恋爱，更不赞成'晒'在网上。"这件新鲜事引起了学生的兴趣，大家纷纷发表各自的看法。经一番深入地思辨，学生们深刻认识到中学生谈恋爱的危害，从而理解：男女同学之间的情感需要慎重对待和理智处理。世间万物各有时节，过早地成熟，会过早地凋谢。我们既然在春天，就不要去做秋天的事。当我们在情感的门前徘徊时，需要反思自己的情感选择，正确区分好感情和爱情，需要考虑要承担的责任，把握男女同学进行正常且健康交往的要求：（1）既要互相尊重，又要自重自爱；（2）既要开放自己，又要掌握分寸；（3）既要主动热情，又要注意交往的方式、场合、时间和频率。

综上所述，"巧设探究"可以丰富学生的情感体验，使课堂教学活泼、充实、有效。赞可夫说："教学法一旦触及学生的情绪和意志领域，触及学生的精神需要，便能发挥其高效的作用。"可见"巧设探究"在课堂教学中是很有意义的。"巧设探究"需把握以下四点：

第一，热点。指能准确地把教学内容与贴近学生生活和社会生活的热点相结合，使探究有新意、有情趣、有吸引力。

第二，适点。指适量和适合。适量，即探究的量不宜过多与过泛，重在精要。适合，即适宜学生的口味和认知水平，能"跳一跳，够得着"。

第三，深点。指深刻性，对探究的话题能够深入表里，不肤浅，能够揭示问题的实质。

第四，启发性。指有价值与有意义，能够激励学生积极思考，能够使学生学有所得，受到启迪。

3. 以十八大内容启发探究性学习

胡锦涛在十八大报告中指出：要深入开展社会主义核心价值体系学习教育，推动中国特色社会主义理论体系进教材进课堂进头脑。作为道德与法治课的老师，我们应是十八大精神的积极学习者，也应是十八大精神进课堂进头脑的积极推动者和教育者。为此，我在教授九年级第八课"投身社会主义精神文明"时，以十八大内容，启发学生进行探究性学习。

3.1 探究一

材料：胡锦涛说："建设中国特色社会主义，总依据是社会主义初级阶段，总布局是五位一体，总任务是实现社会主义现代化和中华民族的伟大复兴。"不少同学对"总依据"和"总任务"容易理解，唯独对"总布局是五位一体"弄不懂。

思考："五位一体"指的是什么？请简要说说它们之间的联系。

探究点解读："五位一体"是新提法。(如图4-4)。人教版2012年7月

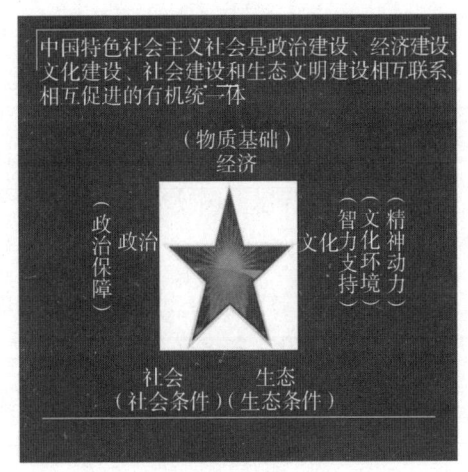

图4-4

版教材呈现的内容是"四位一体",即中国特色社会主义社会是政治建设、经济建设、文化建设、社会建设相互联系、相互促进的有机统一体。疑惑处正是需要探究的地方。十八大报告增加了生态文明建设,这是认识的创新,理论的创新。建设生态文明,是关系人民福祉和关乎民族未来的长远大计。面对资源约束趋紧、环境污染严重、生态系统退化的严峻形势,我们必须树立尊重自然、顺应自然、保护自然的生态文明理念,把生态文明建设放在突出地位,将其融入经济建设、政治建设、文化建设、社会建设的各方面和全过程,努力建设美丽中国,实现中华民族的永续发展。生态文明的内容在九年级的可持续发展战略一课中已有所体现,老师在教学中加以启发点拨,学生就能把所学的知识联系起来,融会贯通。

参考答案:"五位一体"指的是,中国特色社会主义社会是政治建设、经济建设、文化建设、社会建设和生态文明建设相互联系、相互促进的有机统一体。经济建设为政治建设、文化建设、社会建设和生态建设提供物质基础。政治建设为经济建设、文化建设、社会建设和生态建设提供政治保证。文化建设为经济建设、政治建设、社会建设和生态建设提供精神动力、文化环境和智力支持。社会建设为建设经济、政治建设、文化建设和生态建设提供有利的社会条件。生态建设为经济建设、政治建设、文化建设、社会建设提供良好的生态条件。

3.2 探究二

材料:胡锦涛在报告中说:文化是民族的血脉,是人民的精神家园。的确,文化建设为经济建设、政治建设、社会建设和生态文明建设提供精神动力、文化环境、智力支持。

思考:在当代中国,先进文化应是怎样的文化?

探究点解读:文化有落后与先进之分。只有先进文化才能为经济建设、政治建设、社会建设和生态文明建设提供精神动力和智力支持。提供精神动力的文化如民族精神。民族精神是民族文化的精髓,始终是鼓舞我们民族迎难而上、团结互助、战胜强敌与困难的不竭的力量之源。提供智力支持的文化如科学技术。科学技术是第一生产力。科技创新能力越来越成为综合国力竞争中的决定性因素。老师应在教学中适当地启发学生拓展思考"精神动力""智力支持"的内容,就会使学生碰撞出更多的思维火花,从而加深对先进文化的理解。

参考答案:发展先进文化,就是发展面向现代化、面向世界、面向未来的,民族的、科学的、大众的社会主义文化。

3.3 探究三

材料:胡锦涛在报告中提出:全面建成小康社会,实现中华民族的伟大复兴,必须推动社会主义文化大发展大繁荣,兴起社会主义文化建设新高潮,提高国家文化的软实力,发挥文化引领风尚、教育人民、服务社会、推动发展的作用。

思考:如何发展社会主义先进文化?

探究点解读:方向问题是根本问题,方向就是旗帜。牢牢把握先进文化的前进方向,是我们发展社会主义文化和建设和谐文化首要的且根本的要求,也是繁荣社会主义文化、建设和谐文化的根本保证。牢牢把握先进文化的前进方向,最根本的就是必须坚持马列主义、毛泽东思想、邓小平理论、"三个代表"重要思想和科学发展观。在当代中国,发展先进文化,就是建设社会主义精神文明。这是改革开放和现代化建设的重要目标和重要保证。具体来说,社会主义精神文明建设包括两个方面的内容:一是思想道德建设;二是教育、科学、文化建设。老师在教学中要重视启发学生理解把握方向和建设精神文明的意义。

参考答案:首先牢牢把握先进文化的前进方向最根本的就是必须坚持马列主义、毛泽东思想、邓小平理论、"三个代表"重要思想和科学发展观。其次要加强建设社会主义精神文明。主要内容包括思想道德建设,教育、科学、文化建设。

3.4 探究四

材料:胡锦涛指出:社会主义核心价值体系是兴国之魂,它决定着中国特色社会主义的发展方向。我们要深入开展社会主义核心价值体系学习教育，推动中国特色社会主义理论体系进教材进课堂进头脑。

思考："社会主义核心价值体系"和"中国特色社会主义理论体系"分别包括哪些内容？

探究点解读：倡导富强、民主、文明、和谐，倡导自由、平等、公正、法治，倡导爱国、敬业、诚信、友善，这是价值观的问题。坚持对学生正确价值观念的引导与学生独立思考、理论与实践相统一是思想品德课程的基本原则。引导学生认知和理解"社会主义核心价值体系"和"中国特色社会主义理论体系"是道德与法治课教学的必然选择。人教版九年级教材（2012年7月版）第36页和第102页相关链接就有"社会主义核心价值体系"和"中国特色社会主义理论体系"的内容。在教学中教师要引导学生查找相关内容，这样的探究是很有意义的。

参考答案：社会主义核心价值体系包括马克思主义指导思想、中国特色社会主义共同理想、以爱国主义为核心的民族精神、以改革创新为核心的时代精神、社会主义荣辱观。中国特色社会主义理论体系包括邓小平理论、"三个代表"重要思想以及科学发展观。

3.5 探究五

材料：听了党的十八大报告后，同学们对中国特色社会主义有了一定的认识，对祖国的未来充满了信心。大家决心要在努力学习的同时，不断提高自己的思想道德水平和境界，培育文明道德风尚。

思考：你觉得应如何提高自己的思想道德水平和境界，培育文明道德风尚？

探究点解读：这是精神文明建设的重要内容和中心环节，是育人的落脚点之一。育人应从细微之处见行动。思想是行动的先导，道德是做人的底线。只有推进公民道德建设工程，弘扬真善美，贬斥假恶丑，培育知荣辱、讲正气、做奉献、促和谐的良好风尚，才能使中国特色社会主义社会的明天更加美好。

参考答案：以实际行动弘扬爱国主义精神；坚持以为人民服务为核心，以集体主义为原则，以增强诚信意识为重点，自觉履行"爱国守法、明礼诚信、团结友善、勤俭自强、敬业奉献"的公民基本道德规范；树立以"八荣八耻"为主要内容的社会主义荣辱观。

感悟："建设社会主义精神文明"一课是整个初中阶段教学内容最多最难的一课。由于受胡锦涛"要深入开展社会主义核心价值体系学习教育，推动中国特色社会主义理论体系进教材进课堂进头脑"的启发，我决定迎难而上，做推动"十八大精神"进课堂进头脑的教育引导者。经过这一次尝试，我觉得虽然备课的付出是辛苦的，但教学的收获是快乐的。我有如下几点感悟：第一，这是一节很有时政韵味的课。老师在道德与法治课上及时传达了党的声音。第二，这是一节很有创新精神的探究课。老师编写了全新材料，让学生思考探索，动手动脑，小组讨论。第三，这是一节知识整合的课。老师借用材料设问，架起了立体式的知识体系。学生喜欢上这样的课。

（本文发表于《中学政治教学参考》2013年第3期）

4. 动态教学实践与研究

动态教学不是照本宣科,也不是演教案剧,而是建构于实事求是的基础上的生动活泼的教学。进行道德与法治动态教学的课堂,颇受学生欢迎。

4.1 动态教学实例

例一:是否侵权

在教学"公民依法享有政治自由"一课时,有一名学生指着《时事》中的一幅漫画(如图4-5),说这幅漫画是书本漫画的盗版,他问,该中学生是否构成侵犯著作权?这位同学的提问出乎意料,引起了师生的好奇。大家打开书本一看,两幅漫画果然是一个模样!著作出版权是公民依法享有的一种政治自由,这种自由是以不侵犯他人的著作权为前提的。该知识是本节教学的隐含

图4-5

内容之一,学生带着问题来学习,说明他有细心地阅读课外读和对知识产权的关心。学生的这种好学精神,教师不给予鼓励,实在是抹杀了他们学习的积极性和创造精神。为此,我调整了原来的教学思路,因势引导,以学生的提问为本节课趣学的起点和散发思维的闪光点,让学生们饶有兴趣地学习本课,从而

使学生更深地认识到，抄袭别人的作品是一种侵权的违法行为。课后，有学生对我说："这样学习，很开心！"

例二：幽默解疑

在教学"人类面临严重的环境问题"一课时，我发现学生对"可持续发展"的内涵似懂非懂。看着学生疑惑的眼神，我在想应该怎样突破这个难点？书本漫画（如图4-6）给了我启示，何不来个赏画解疑呢？于是，我引导学生赏析漫画，尝试模仿黄河与长江的对话。女生说："长江，长江，我是黄河。"男生说："黄河，黄河，我也

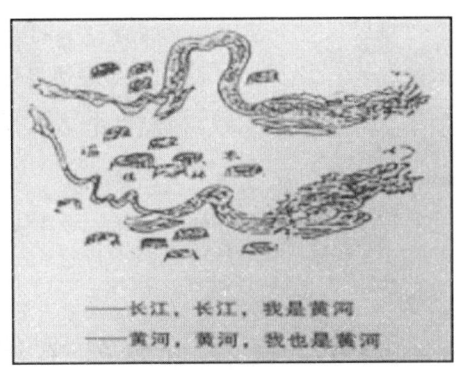

图4-6

是黄河。"接着，我启发学生思考：长江为何也说自己是黄河？待学生找出原因之后，我说，这幅漫画描绘的"发展"就不是"可持续发展"，其实也是不发展。照这样滥伐下去，有一天，我们的珠江，也会呼叫："黄河，长江，我是黄江！"逗得学生大笑（我校是黄江中学，在珠江下游）。由赏画产生的幽默，解决了学生的疑惑。

例三：时事点评

在教学"维护国家统一和全国各民族团结"一课的内容时，我把2001年4月1日发生的"中美军机相撞事件"当作重要的活动素材，用多媒体将素材在教学之中回放，并进行时事点评。这样教学，理论联系实际，既声讨了美国霸权主义的野蛮行径，又激发了学生的学习兴趣和爱国热情。

例四：借题发挥

在教"公民依法享有批评建议权"一课时，由于学校扩建，课堂外工地的打桩机器响声轰隆，仿佛是催眠曲，令学生昏昏欲睡。有一次，我走上讲台，学生仍昏昏然。为了引起学生的兴趣，我提问：学校建大楼没有人监督施工，是否可以？（不可以。学生略有精神）我说，现在打桩，要打24米深。如果没有监督，他们可能会——偷工减料。（学生笑）也许，他们只打2.4米就不打了。（学生笑）这样建起来的大楼，没有封顶就有点像意大利比萨的——"斜塔"。（学生笑）这可好，学校可开发为旅游景点，我们可以当——"导游"。

(学生笑)大楼斜了,接着就"轰然"一声——倒了!(学生大笑)可见,监督多么重要!这样借题发挥引起了学生的兴趣,虽然外面机器响声依旧,但是学生已不再昏昏睡。这时我说,批评建议权是监督权的一种,这节课我们来学习批评建议权。不过我有个问题:学习了本课,大家是否有解决外面"轰隆"响声的办法?学生学习的兴趣和积极性又被调动起来,他们认真阅读教材之后,迫不及待地议论起来,他们提出了不少方法,有学生说:向学校建议,让施工队白天休息,晚上施工,这样教学与施工两不干扰,也两不耽误。多妙,师生沉醉在快乐的课堂之中。后来,该建议被学校采用,学生更乐了。

4.2 动态教学策略

上述四例,我把其称为动态教学。不难看出,动态教学讲究实事求是,要求生动活泼。如例一因学生的提问而调整教学思路,例二在课堂中进行幽默解疑,例三在教学中进行时事点评,例四借题发挥,使教学生动有趣。可见,进行动态教学需要教师具备胸有成竹、处变不惊、化险为夷的本领。否则,就不能发现动态教学的素材,更谈不上捕捉到动态教学的时机。下面我谈谈动态教学的策略。

4.2.1 上课要"留空"

备课并不是写得越多越好。恰当的"留空",其妙就像绘画的"布白",使师生在课堂上可以有一定的发挥创造、想象、思考的空间。

"留空"有两层意思:一是思维留空。即采用写意式(要点式)的备课设计,教师对上课的纲要做到心中有数,其余的细枝末节如教学环节的连接等可以留待课堂,根据实际情况灵活地处理和发挥。这样,有利于充分调动师生的积极性,使课堂教学生动活泼。二是教案书写留空。教案留有空白处,有助于教师课后进行教学反思,可以使自己回顾教学得失,品味一堂课的成功之处,发现一堂课的欠缺所在,这对于教师提高教学能力,形成个性化教学很有意义。

怎样留空呢?做法是突出"点线"之实,其余留空。

所谓"点",指教学中客观存在的"知识点"及其"关联点"。如例一的

"著作权",例二的"可持续发展",例三的"维护国家统一的义务内容",例四的"批评建议权"等。课堂教学总是由许多"点"组成的。这些"点"在课堂结构中所处的地位和所起的作用不同,从而表现出不同的形式。从过程来看,有起点、终点和关联点等环节。从内容来看,有重点、难点与关键点等。所谓"线",指教学的思路。把"点"连接起来就形成了"线",这就是教学时需要做到灵活有序,布局合理而脉络清楚。显然,两"点"形成一直线,这是简练的思路;许多"点"连成波浪线,这是高潮迭起的思路。

4.2.2 上课要"活用"

"教无定法,贵在得法"。动态教学即是追求"得法"的"活用"的境界。所谓"活用",指灵活运用各种方法调动学生主动学习的积极性,培养学生的创新思维,提高创新能力。如例四通过借题发挥,使学生产生求知兴趣,引起创造的愿望,从而找到解决"轰隆"声的办法等。那么,如何"活用"呢?

首先,活用"天时、地利、人和"。"天时"指天下时政大事,如例三"中美撞机事件";"地利"指课堂教学使用的各种情境,如例四"施工建大楼";"人和"指和谐民主的教学氛围。教师要依据"天时、地利、人和"因势利导,使其为教学所用。

其次,活用"情、智、趣、理"。"情"指富有感情,如例三以"天时"唤起师生爱国热情。"智"指机智,如例一巧妙地调整教学的起点,例二恰当地幽默解疑。"趣"指兴趣和趣味,如例四以"地利"实境借题发挥,挖掘教学内容的趣味,使学生有兴趣,消除昏昏然的睡意。"理"指道理、真理,思想教学是否有说服力,最终要靠"理"来引导,如例二的幽默对话虽然有趣,但具有说服力的最终还是实实在在的客观真理。

4.3 动态教学的功能

第一,趣味性。

如果用兴趣来导引教学,课堂气氛就会生动活泼,其效果就会事半功倍。因此,动态教学要求教师善于发现学生感兴趣的素材,善于捕捉激活兴趣的时机,促使师生产生情感的共鸣。从这个意义上说,动态教学具有趣味性的功能。

第二,合作性。

动态教学以解放和创造潜能为目的,将民主对话纳入课堂,实行多向有效的感情交流,调动学生参与的积极性。因此,动态教学有利于营造和谐民主的教学氛围,有利于学生合作精神的培养。

第三,创新性。

动态教学不拘泥于原有的教材,改变了照本宣科式的"你说我听",建构了"交流互动"的开放式教学。所以,动态教学有利于师生创造意识的觉醒,有利于发散性思维的形成,有利于研究问题的能力的提高。在动态教学过程中,由于学生的个性得到张扬,课堂中常常充满着竞相探索的创新氛围。

第四,自觉建构性。

从学生角度来看,动态教学中的学生不再只是教材内容的被接受者,而是带着问题的自己阅读和思考的组织者(如写发言稿)。这个过程已超越传统教学中教师所讲的内容。更重要的是,学生要表现自我,就要使自己有所发现或创见,这样能使学生既习得知识,又发现自己。从教师的角度来看,动态教学要求教师有更高的知识和能力素养,不但要引导学生的发展。而且要控制其心理与行为在最近的发展区中实现具体的发展,所以,教师通过教学也要建构自己,获得重大的发展。

五、追寻情趣实践

　　高雅的生活情趣是健康的情趣,向上的情趣,文明的情趣,科学的情趣。它反映了一个人有较高的素质和个人修养,因而它是我们每个人追求和向往的生活情趣。健康的生活情趣,可以让我们轻松、愉快、健康、自信,可以让我们充分领略和体验生活的美好与幸福。向上的生活情趣,能够使我们产生积极的情绪,振奋的精神,催人奋进。文明让我们脱俗,科学让我们远离愚昧。让我们追寻情趣,陶冶情操。

1. 生活处处有情趣

珠三角地区是我国经济最发达、最繁华的地区之一，人口流动大。这反映在学校里就是有些班级中一半学生来自全国其他地区。某些学生由于对新环境的不适，缺乏交往，缺少友情，体验不到学习和生活的情趣，致使心理处于亚健康的状态：有的焦虑，有的烦躁，有的闷闷不乐……据此，引导学生在学习"生活处处有情趣"一课时，要有针对性地关注身边的同学，为他（她）排忧解难，以帮助其获得心灵的慰藉。小华的事例就发生在学生中间。为了让小华的生活充满情趣，由教师引导学生参与：说一说小华闷闷不乐的原因？找一找他的情趣在哪里？建议班级开展哪些有益的活动？然后叙说自己的情趣体验。这样，由关注小华一个同学的情趣到关注每一个同学的情趣，点面结合，学以致用，真正感受到"生活处处有情趣，情趣是多种多样的"。

1.1 导　入

由图5-1中女学生愁眉苦脸的话题切入本课。

图5-1

1.2 事例探究

事例：班上有愁眉苦脸的新同学。

最近，小华的父母从内地调来东莞市工作。正在读初一的小华随父母离开家乡，转学到我们班。小华听不懂广东话，缺少与同学的交往，经常愁眉苦脸，闷闷不乐。小华对妈妈说："烦死了，一点情趣都没有。"

1.2.1 说一说

小华闷闷不乐的原因有哪些？

在学生思考并回答问题后，教师归纳：新同学小华缺少对美好生活的追求、乐观的生活态度、健康的心理，所以，愁眉苦脸，闷闷不乐。

这种"体现一个人对美好生活的追求、乐观的生活态度、健康的心理"的状态叫做什么呢？（如图5-2）

图5-2

1.2.2 找一找

小华需要"对美好生活的追求、乐观的生活态度、健康的心理"的情趣，这样的情趣在哪里呢？（如图5-3）

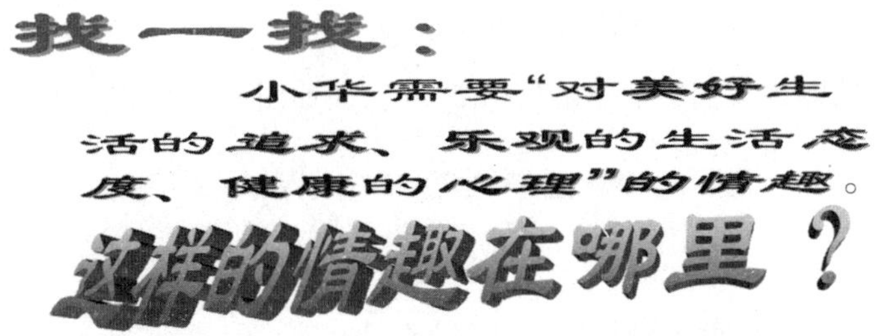

找一找：
小华需要"对美好生活的追求、乐观的生活态度、健康的心理"的情趣。
这样的情趣在哪里？

图 5－3

用“开火车”的方式，让学生找一找，教师根据学生所找，板书于黑板上。根据罗丹的名言“美是到处都有的。我们的眼睛不是缺少美，而是缺少发现。”说明：情趣也是到处都有的。我们的生活不是缺少情趣，而是缺少发现，缺少体验。所以，我们要用眼睛观察，用心感受，用手描绘，生活才会处处有情趣。（如图 5－4）

用眼睛
观察
用心
感受
用手
描绘
生活处处有情趣

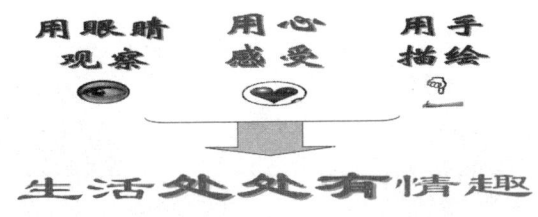

图 5－4

生活情趣存在于对自然界事物的观察、认识、欣赏之中，也存在于人们相互交往的社会生活中。（如图 5－5）

生活处处有情趣
自然事物
人们交往

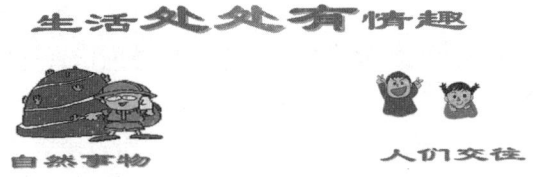

图 5－5

1.2.3 议一议，试一试

多种多样的生活情趣表现在哪些方面？

（1）表现在对自然界事物的观察、认识、欣赏之中。

（2）产生在人们相互交往的社会生活中。

（3）还表现在人们的情趣是互有差异的。（如图 5-6）

多种多样的情趣

表现在对自然界事物的观察、认识、欣赏之中　　产生在人们相互交往的社会生活中　　还表现在人们的情趣是互有差异的

图 5-6

自然界事物是多还是少？（多）可用哪些词语形容其多？（略）就拿自然风光来说，多姿多彩的自然风光，会给人们带来丰富多样的情趣体验。例如甲天下的桂林山水，在我们观察、认识、欣赏它的过程中，就有多种多样的情趣体验。（如图 5-7）

图 5-7

桂林山水有什么特点呢？启发学生观察：桂林的山奇峰罗列且千姿百态，有的像……有的像……让人感受到"横看成岭侧成峰，远近高低各不同"的妙趣。桂林的水，静、清、绿，天水共一色，真是"舟行碧波上，人在画中游"，给人如进梦幻之境之感。难怪陈毅当年游桂林流连忘返，感慨地说："愿做桂林人，不愿做神仙。"夜游漓江，又别有一番情趣：在如此清静的夜晚，一轮明月悬挂在半空，朗朗的月光洒满漓江，透过这扇窗户，会让你想起李白的诗句："床前明月光，疑是地上霜。举头望明月，低头思故乡。"祖国处处好风光，更美的是家乡。启发学生想一想：自己的家乡有哪些令人难以忘怀的自然景象？点评：同学们欣赏自然风光的情趣，反映了我们对生活、对家乡、对祖国深深

的热爱和眷恋。

多种多样的情趣产生在人们相互交往的社会生活中，比如你喜欢同下棋的同学交往，情趣就在下棋之中；你喜欢与幽默的同学交往，情趣就在幽默风趣的言谈举止之中……让学生们说一说。（略）

人们的情趣是互有差异的，让学生讲一讲，然后归纳：如不同时代的人、同一时代的不同的人、同一人在不同的人生阶段的情趣都有差异的。

在帮小华找情趣的过程中我们发现：生活中处处有情趣，情趣是多种多样的。

1.2.4 友情之家

俗话说，帮人帮到底。同学们是否愿意继续伸出友情之手，让小华进入我们的友情之家？（愿意）

为了让小华的生活充满情趣，你认为班级可以开展哪些有益的活动？（如图5-8）

图 5-8

教师小结，点评学生的各种活动建议，对学生给予小华的帮助充分肯定。在大家的帮助下，小华终于融入进了班集体的生活，闷闷不乐的小华也露出了笑脸。其实，每个人都有可能遇到像小华这样的情况，只要你乐观对待，争取同学的帮助，就一定会渡过难关。

1.3 叙说趣事,共享高雅情趣

生活就像一本厚厚的书,当我们翻开阅读它的时候,每行每页中记录的各种各样、丰富多彩的生活趣事,就会一个一个地呈现在我们的眼前。大家把自己最有意义的一件趣事,四人一组交流,然后每组选一名同学在班上说。(CAI如图5-9)

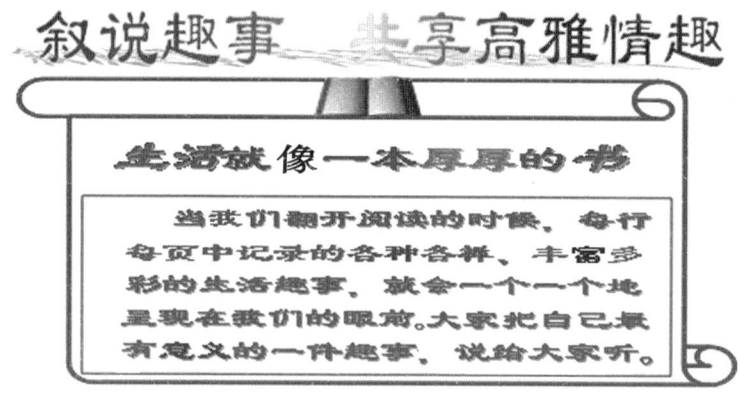

图 5-9

1.4 小 结

从同学们丰富多样的情趣生活中,我们实实在在地感受到:生活中处处有情趣,情趣是多种多样的。同学们想一想:一个人在什么状态下最能从日常生活与平凡小事中,发现乐趣,体验情趣呢?学生回答后,教师归纳:具有对美好生活的追求、乐观的生活态度、健康的心理的人最能从日常生活与平凡小事中,发现乐趣,体验情趣。正如安娜·路易斯·斯特朗所说:"即使是生活中最黑暗的时刻,也一样能找到心灵的安慰,从周围的一切,从点燃黎明的那一丝微弱的光辉,从温馨的鲜花、小鸟的啼啭、迷人的旋律,还有,从那辉煌的文

字宝藏,从那充满魅力的书的世界寻找慰藉。"(如图5-10)

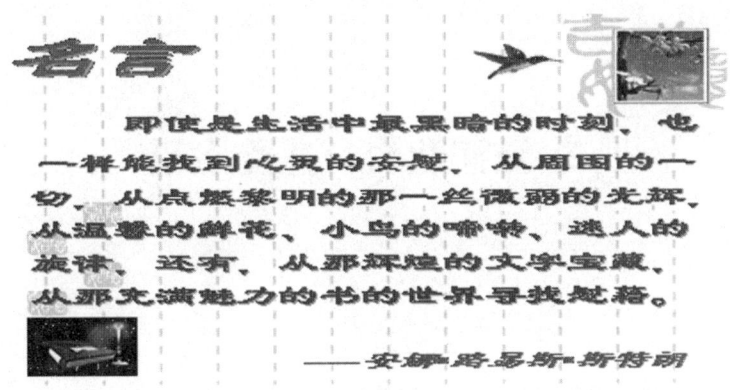

图5-10

我们每天的学习和工作都是在感受和体验着生活,并且对生活中发生的事情和人物,产生自己的认识与看法,获得对美好生活的体验,形成积极、乐观、向上的生活态度。同学们,我们年轻,我们健康,我们多么幸福。最后在《我们多么幸福》的歌声中结束本课。

(本文发表于《中学政治教学参考》2004年第2期)

2. 浸润化育　感受幸福

道德与法治是浸润心灵与人性化教育的课堂，教师应努力践行之。我在执教"祝福青春"一课时，引导学生读思、表演、游戏，激发学生感悟、体会、表达，提高学生对青春意境的理解，增进他们的情感和情怀，课堂中学生的幸福感油然而生。下面我谈谈做法和体会。

2.1　读思感悟形象化的意境

"青春是什么？有人用英文字母做比方，谁能读出其中青春的意义？"这是我启发学生阅读文本内容的引言。话虽不多，却有几分挑战性，引起了学生阅读文本的兴趣。过一会儿，学生们纷纷举手，争相回答。

学生1：我觉得青春是A。A像一座金字塔，更像是楼梯，一层一层地往上，所以，青春的寓意是进取。

学生2：我觉得青春是B。B中有两个口，像两个心，心连着心，所以，青春象征着友谊，象征着团结。

学生3：我觉得青春是C。C有缺口，不圆，所以，青春像一弯新月，是缺憾。

学生4：青春是D。D像一把竖琴，表达快乐。

学生5：青春是E。E像个书架。书籍是人类进步的阶梯，所以青春的寓意是智慧。

学生6：青春是F。F像面旗帜，是理想的旗帜，代表着方向和目标，所以青春的寓意是目标。

学生7：青春是G。G像拳头，是力量的象征。

学生8：青春是H。H像单杠，单杠是健身的器材，表示运动，寓意是运动健康。

学生9：青春是i。i像单个站立的人，寓意是独立。这意味着我们长大了，成人了，不再依赖父母与师长，我们要有独立的人格和自主的能力，要对自己的行为负责。

学生的回答融入了自己的见解，使青春抽象的意境形象化了。这样，学生对青春意义的认识就更浅显易懂了。学生带着问题来读思，收获的不仅是知识，更是一种自信和勇气。这种读思，酝的是理解的底气，酿的是自信的气质。课堂中学生的幸福就蕴藏在读思之中的点滴感悟及其带来的享受和惊喜。这种幸福源于教师精致的引读。

2.2　表演体味生活化的情感

"拥有青春是幸福的。因为拥有青春，我们每一天都站在新的起跑线上，迎接新的挑战；因为拥有青春，我们可以尽情地放飞自己的梦想，并努力追寻；因为拥有青春，我们不怕失败，相信一切可以从头再来。而这种幸福是需要我们仔细体味的，如何能体味青春的幸福呢？请扮演'男女同学交往小剧'。"我连用三个排比句来加强语气，说明"拥有青春是幸福的"这个道理。接着抛出一个疑问，埋下悬念，为的是引导小组学生积极参与"男女同学交往小剧"的扮演和体味。在我的启发下，学生跃跃欲试。

上半场——一名学生旁白，两名学生分别扮演小菲与李宵。剧情——小菲在日记里写道："李宵的成绩特别好，特别爱帮助人。我有什么问题都喜欢问他，他也很高兴为我解答。可是没多久，就有同学在我们背后指手画脚，说我对他'有意思'。我很怕别人这样说，从此我便躲着他，他也疏远我了。"

下半场——小组长发现这种情况后，召开了一次别开生面的小组会。

小组长说："男女同学之间该不该交往？为什么？"

一名学生说："不可以，因为男女同学交往不当容易产生误会，影响学习。"

另一名学生补充:"我也觉得不可以,因为在青春期,我们有了性意识,处理不好,容易早恋。"

立即有学生反对说:"可以正常交往。因为男女同学正常交往,有益于我们的身心健康发展。"

还有一名学生说:"男女同学之间可以优势互补,取长补短,从而营造一种和谐温馨、合作团结的氛围。"

经过一番讨论,权衡利弊,大家统一了认识,认为男女同学是可以正常交往的。接着,我引导学生分别说出"小菲""李宵"和"在背后指手画脚的同学"的正确想法或做法。

小菲:"走自己的路,让别人去说吧!学问学问,不懂就要大胆地问。"

李宵:"帮助了别人,也是在提高自己。我要继续帮助同学。"

说三道四的同学:"对不起,我们要学会尊重和理解同学,也要勤学好问,乐于助人。"

"男女同学交往小剧"的表演,上半场剧情引入,简要明了,下半场剧情演绎,拓展细腻,很是精彩,赢得了同学们的热烈掌声。我以"你参与表演,感到幸福吗?"为问题进行现场采访,学生点头,面带微笑,很自豪的样子,显然是幸福的。

创设生活化的情境表演,既活跃了课堂气氛,也提高了学生运用所学知识分析和解决实际问题的能力。学生表演的是戏,体味的却是生活中同学交往的真情实感。在表演的情境冲突中,学生慢慢懂得理解、尊重、关爱和互助合作,这些美好品格正是学生幸福人生的基础和保障。学生的幸福就来自他们切身的体会和美德的呈现。可见在课堂上,教师善于搭建心灵浸润与人性化教育的实践平台,有利于学生体味到生活化的美德情感。

2.3 游戏表达人性化的情怀

"青春的幸福是可以传导的。你的一句青春祝福,会让伙伴与你幸福同行。你一定能写一句青春祝福的话送给同学!"这是我对学生带有导向性的一番鼓励的话,目的是吸引学生欣欣然地投入到预设的活动中来。学生受到激励,行动特别积极，他们愉快地开始了构思和写作。待学生书写完毕，我又引导学生进行一种传导祝福的游戏：先由一位同学说出自己的寄语，送给下一位同学，然后由下一位同学寄送给另一位同学。如此，青春的祝福就在学生中传送开来了。

学生甲：祝××同学不畏困难，战胜自我，争取更大的进步！

学生乙：祝××同学多一点自信，多一份梦想！

学生丙：希望××同学的字写得更漂亮，功课更棒！

学生丁：祝××同学珍惜青春时光，发奋学习，成就未来。

学生戊：我的寄语送给××同学。让我们友谊天长地久，让我们拥有更多的激情，不断超越自我！

……

一份份祝福在学生之间传达，一股股暖流在课堂里激荡。最后连我也十分动情地说："同学们互相寄语，是美好的情怀，真幸福。我深深地感动着，我祝每一位同学青春美丽，富有活力，更有魅力。"（学生热烈鼓掌。）

这些祝福在课堂上自然生成，像一眼甘泉，浸润着师生的心田。如果说祝福是一份给予，那么这份给予就是人性化的关怀，是人生应有的一种精神境界。祝福是相互感染的，能给别人祝福，自己也会感受到幸福。

实现心灵浸润与人性化教育的课堂该是多么地幸福！

3. 利用网络 营造美好的校园文化

"近朱者赤，近墨者黑。"这句朴素的古语告诉我们这样一个道理，良好的环境对人的健康成长起着积极的作用。昔日"孟母三迁"认的也就是这个理。因此，学校必须坚持以科学的理论武装学生，以正确的舆论引导学生，以高尚的精神塑造学生，以优秀的作品鼓舞学生。学校要努力掌握和发展各种现代化传播手段，积极推动先进文化的传播。学校要深入持久地开展校园文化创建活动，加强校园文化基础设施建设，积极促进校园文化健康发展。下面是我借用网络营造美好文化环境的教学实践。实践中创立的网站主题为：营造美好的校园文化。它分三个栏目，即认识校园文化，走进黄中文化，让黄中更加美好。

3.1 认识校园文化——学习理论

认识校园文化是学习理论的过程。我引导学生上网搜索、查找、筛选相关内容，把有关校园文化的知识上传到相应的网页栏目里，然后整理，形成两个分栏目。

3.1.1 校园文化的内涵

校园文化是指以学校校园为地理环境圈，以社会文化为背景，以学校管理者和全体师生员工组成的校园人为主体，在学校教育、学习、生活管理过程中所形成的物质财富和精神财富的总和。它反映在硬件部分包括校园环境教育设施和教学与生活管理制度；反映在软件方面包括校风、教风、学风、校园文体活动等。

3.1.2 校园文化的功能

校园文化具有教育性，对生活在其中的校园人起着指导、陶冶与规范的作用。同时，校园文化还具有管理性。校园文化不仅是一种文化现象，更是一种新的学校管理理论，是文化理论与学校特点结合而成的新的学校管理理论。良好的校园文化环境，具有催人奋发向上、积极进取、开拓创新的教育力量。它可以促使学生在一种无形的巨大力量的推动下，在积极向上的氛围中受到激励与鞭策，健康成长。具体来说：

（1）认识功能

校园文化渗透着社会文化和民族优秀文化。学生有旺盛的精力和强烈的求知欲，学校有意识地在校园里开展一些健康的文化活动，可以使学生了解社会、认识人生、学习和继承中华民族的优秀文化。建设校园文化是使学生全面发展的有效手段，有利于学生提高素质、丰富阅历、形成科学的人生观和价值观。

（2）调剂功能

青少年学生正值受教育、学知识、长身体的关键时期，担负着繁重的学习任务。健康有益的校园文化活动不仅能够调剂他们的精神，使他们保持乐观向上的情绪，而且能够起到"以乐醒人""以美育人"的作用，有利于学生身心的健康发展。

（3）导向功能

校园文化的内容、方式以及校园文化形成的文化环境和文化氛围，对学生有着直接或潜移默化的导向作用，深刻地影响着每个学生的思想品德、行为规范和生活方式，具有滴水穿石的力量。校园文化寓教于乐，寓教于美，增添了德育工作的艺术性，使学生在喜闻乐见的文化活动中和谐地接受思想政治工作的内容。

（4）育才功能

丰富多彩且健康活跃的校园文化是课堂教学与社会实践的交汇点，它能够巩固和加深学生在课堂中学习的知识，扩大学生的知识面，拓展他们的创造能力。校园文化有利于开发学生的各种潜能，锻炼学生多方面的能力。开展校园文化建设的过程，实际上就是学生自我表现、自我教育、自我管理、自我提高,不断社会化的过程。

校园文化的功能,集中体现在它能优化育人环境,有利于培养德、智、体、美、劳全面发展的有用人才。

3.1.3 校园文化的分类

从表现性看,校园文化有"显性"和"隐性"之分。它表现在外在是显性的,有物质、环境、行为、规章等;表现在深层的是隐性的,如校园精神。概括起来说它包括物质文化、制度文化、行为文化和精神文化四个层次。

(1) 物质文化

校园物质文化包括校容校貌、教学设施、生活资料等,是校园文化的外在标志,是校园文化建设的基础,它属于校园文化的硬件,是看得见和摸得着的东西,是物质形态的。

校园物质文化的每一个实体,以及各实体结构之间的关系,无不反映出某种教育价值观。良好的学习环境和生活氛围,无疑会使人产生一种向上的激情。

①净化

净化是一所学校精神风貌的外在表现。校园净化要做到"五无",即地面无杂物痰迹,墙面无污渍,桌椅无刻印,门窗无积尘,卫生无死角。开展如各班定期打扫校园、图书馆、教室等活动,培养学生爱护校园草木的主人翁精神,树立净化校园和保持校园卫生人人有责的意识。

②绿化

葱绿的树木,艳丽的花草,给人以赏心悦目之感,使人精神焕发。学校根据校园建筑规划设计绿化布局,形成花园式学校。这既可以使校容校貌体现出美的韵味,又能满足师生的教学和审美需求。

③美化

创造美好的环境是培养学生良好性情的需要,对校园静态自然环境的美化,应符合青少年的审美要求,这才能达到美化的目的。教室、办公室、寝室等校园环境的布置,应以新颖、美观、大方、实用为原则,给人以舒适的感觉和美的享受。

④规范化

反映学校个性与特色的八项标志,校徽、校证、校服、校训、校歌、校刊、校旗、校节要齐全规范。从我校看,这一点做得还不够,需要在校证、校歌、校节等方面做出相应的规范。

⑤教育化

育人是学校环境建设的目的所在。著名的教育家苏霍姆林斯基说:"努力使学校的墙壁也能说话。"学校要做到"五有",即有宣传窗、有阅报栏、有黑板报、有广播、有团队活动室。如我校在宣传上下功夫,为文明校园的宣传做出了较大贡献。另外,学校应将教风、学风、校风、校训上墙,写于学校醒目的位置,将名人画像和激励性名言警句挂于校园中适当的位置,真正做到以正确的舆论引导人,以正气的氛围感染人。

(2) 制度文化

校园制度文化是加强校园文化建设的重要保障。建立健全学校规章制度,塑造良好的校园制度文化,是校园文化建设的重要内容。如,《中学生日常行为规范》《中学生守则》《文明班评比方案》等。

(3) 校园文体活动

校园文体活动是校园文化中的行为文化形态,是推进校园文化建设的良好载体,全员参与是推进校园文化建设的关键。文体活动有利于学生对激发学生的学习兴趣,有利于学生对各种知识的获取与提高。它是培养学生高尚的道德情操、精神境界和健康的审判观念的必要手段。开展学校的文化活动应以兴趣活动、文艺表演和体育竞赛为主,坚持健康和文明的准则,全面实行项目化管理,建立以团委项目部为核心的项目化管理体制,有计划、有目的、有要求地开展具有思想性和趣味性的文娱体育活动。

(4) 学风校风

校风学风包括学校的管理观念、价值观念、生活信念、办学思想、学校精神等,是校园文化中的精神文化内涵。它是校园文化的核心内容,也是校园文化的最高层次。它是隐形的,但又是一所学校本质、个性、精神风貌的集中反映。优良的学校形象,是学校巨大的精神财富,是推动学校前进的精神力量。

校风是一个学校形成的一种历史传统,或者说是文化观念与价值观念的集中体现。从狭义上来讲,它还包含师生的教与学、生活观念、价值观念等。

学风是指学生在学习过程中形成的学习风气，它是一个学校的教育教学质量能否提高的关键，也是学校的教学是否能符合学生学习所需的一个体现。从另一方面讲，它也是学生在汲取课外知识等过程中形成的一种学习态度。优良的学风可以带动全体师生在教与学的过程中，自觉地以积极的态度来促进教学质量的提高，促进学校多方面的发展。校风与学风主要可从以下几方面来培养：一是重视基础教学，使文化课和专业课充分发挥其功能；二是重视学生全面素质和能力的提高，强调学生的个性和独特性，不能以学习成绩的高低来评价学生的能力；三是重视学校道德教育的渗透，提出校训口号以及明确学校发展的远大目标，促使学生形成"校兴我荣，校衰我耻"的责任感，使学生具有较强的奉献精神，关心集体，关心他人，品德高尚，行为文明。

3.2 走进黄中文化——联系实际

在认识校园文化的基础上，引领学生走进自己的校园文化，这是一个理论联系实际的过程。平时，学生"不识校园真面目，只缘身在此园中"。现在，他们按教师要求，分成小组，带着任务，通过访问、摄影、上校园网查找等多种形式和渠道再次认识自己的校园。在这个过程中，学生对校园多了一份亲切感、归属感和责任感。经过几天的忙碌，学生收集了大量的素材，经整理建立了五个分栏目。

(1) **黄中的成长**

黄江中学创办于1965年秋，借址梅塘猪坑。1969年建址梅塘新桥，1981年搬到麒麟山麓，1994年乔迁现址可龙。1996年黄中被评为"市一级学校"，多年荣获东莞市"初中教育质量一等奖"，先后被授予"全国群众体育先进单位""东莞市先进集体""东莞市文明单位""省一级档案综合管理单位""绿色学校"等荣誉称号。

(2) **黄中的新姿**

教学楼、科学楼、综艺楼气派壮观，学校内有现代化的电子计算机室、多媒体电教室、学校电视台、舞蹈健身房等，功能齐全的校园网可与国际互联网相通。

学校现有三十多个教学班,一千多名学生,一百多名教工,教师学历达标率为98.2%。校园占地面积7万平方米,教工区、运动区、生活区布局合理。教学、行政、生活用房按省标准配齐,实验实、语言室、电脑室等各类功能室和生物园及地理园一应俱全。学校不仅按省一类学校标准配备了各科常规教学仪器、设备、设施,而且"三网"(校园网、电视网、广播网)进入了课堂,多媒体教学手段应用于日常教学之中,图书馆藏书达3万多册。

(3) 规章制度(略)

(4) 三风建设(略)

(5) 特色育人

学校坚持"德育为首、教学为主、育人为本"的办学宗旨。学校全面实施素质教育,按"一个管理,两个利用,三个结合"开展工作,有很好的育人效果。"一个管理"是指实行以人为本的情感管理。广大教师安教、乐教,在教学过程中形成以"爱"为核心的"情感教育",校园人际关系融洽,教学教研气氛浓厚。

"两个利用",即"充分利用现代化教学手段"和"充分利用校园宣传阵地"。将多媒体教学落实到科组,责任到人,学校明确提出"让每堂课充满浓厚的现代气息"的口号。学校在"激活宣传"方面狠下功夫,抓好"一社二室三队"建设。"一社"指文学社,多次邀请国家一级作家及知名学者讲学,开展丰富多彩的活动如诗歌朗诵会等;"二室"指校园广播室和电视台直播室,做到周周有安排,天天有新闻,真正做到使学生在紧张的学习之余"耳目一新";"三队"指合唱队、管乐队和舞蹈队,每天的课外活动,人人参加,个个动手,校园每日都有歌声荡漾,乐声飞扬。

"三个结合"具体有三方面:一是"把常规教学"与"分层教学"结合起来,即以年级为单位设立"班外之班",实施分层教学,因材施教。二是把纪律教育和活动教育结合起来,前者突出一个"严"字,后者突出一个"活"字,注重培养学生的创新精神和实践能力。三是把校内教育和校外教育结合起来,形成以学校、家庭、社会三位一体的"大德育网络",做好"三个定期":定期邀请教育界的专家学者来校讲学;定期带领学生走出校园,参加公益活动;定期召开家长以及由家长、村干部、热心人士代表组成的联席会议,真正做到

"大办教育，办大教育"。

实践出真知，耕耘出成果。黄江中学办学路子正、点子新、步子快，近年来在社会各界中备受关注，声名鹊起。多名教师在国家和省市级优质课比赛中获一等奖，一名教师获"南粤教坛新秀"的光荣称号，多名教师的论文在国家级刊物上发表。校园文学社的大量文学作品在市级以上的报纸杂志上发表，合唱队和管乐队在全市大型文艺调演中双双荣获一等奖，两名学生在全国奥林匹克数学竞赛中获三等奖。学校先后获"市教育质量一等奖""文明单位""先进集体"等荣誉称号，并获省"实施《国家体育锻炼标准》先进单位"和"全国群众体育先进集体"等众多殊荣。

3.3 让黄中更美好——提出议案

在学生对校园文化有了一定认识的基础上，我引导学生将认识到的"理论"联系自己的校园实际，学生通过调查研究，提出一些改善校园文化的议案，为母校增添光彩。我共收到九个议案，由于篇幅所限，仅选三篇，如下：

3.3.1 议案一：让"分类投放垃圾"真正分类处理

组员：陈××；陈××；陈××；郑××；李××；郑××。

我们学校实行垃圾分类收集，在校园里设置了分类垃圾箱以方便同学们分类投放垃圾。为了调查同学们分类投放垃圾的自觉性，我们班同学在政治老师的指导下，进行了一次关于"分类投放垃圾"的情况调查，结果如表5-1。

表5-1 分类投放垃圾调查结果

序号	内容	全班共47人
1	无论距离远近都分类投	11
2	距离近时分类投，远时不分类投	21
3	有人时分类投，没人时不分类投	1
4	随地扔	3
5	其他	11

为了使数据更形象直观,我们根据上表,设计了如图 5-11 所示的扇形图。

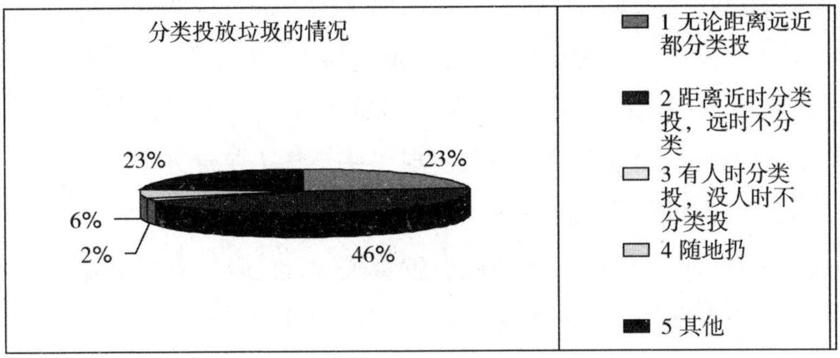

```
分类投放垃圾的情况
        23%        23%
    6%
    2%        46%

1 无论距离远近都分类投
2 距离近时分类投,远时不分类
3 有人时分类投,没人时不分类投
4 随地扔
5 其他
```

图 5-11

从图中可以看到:①23%的同学能够在任何时候都把垃圾分类投入垃圾箱;②46%也就是近一半的同学以距离作为分类投放垃圾的条件;③有个别同学以周围是否有人来决定是否分类投放垃圾;④6%的同学随地扔垃圾;⑤23%的同学介于分类投放和随地扔垃圾之间。

下面我们对这些情况做进一步的思考。

23%的同学能够在任何时候都把垃圾分类投入垃圾箱。他们的环保意识很强。

但是,不难看出,大部分的同学对如何进行垃圾分类的认识不足。这些同学中"有选择性地分类投垃圾":或者以距离远近决定是否分类投放,或者以周围是否有人来决定是否分类投放,这些行为都是缺乏行动自觉性的表现,说明这些同学的环保意识不够强。

6%的同学存在乱扔垃圾的问题,他们的环保意识极差。大家别小看了这"6%",若放到全国来看,也就是 8400 万人有乱扔垃圾的问题,这是多么惊人和可怕的数字呀!

其他人的处理方法,主要是不分类投放。有两种情形,一种是知道如何分类却不分,一种是不知道如何分类。从行动上看,两者毫无区别,都是环保意识差的表现。

综上所述,环保意识远远没有深入同学们的心中。由此看来,我们的环保宣传教育还很不够。国际流行的循环经济新理念是"没有绝对的垃圾,只有放弃的资源"。所以,我们建议:

第一，学校必须加强学生对有关资源和环境法规、资源和环境知识的教育，使师生充分认识环境污染的危害性，提高同学们保护资源和环境的意识。学校可以通过广播、板报、宣传材料及文艺表演等形式，对全校师生进行环保宣传。

第二，学校应制定和落实具体的环保措施，提高同学们环保行动的自觉性。如开展"环保小组"示范行动，力求实现"一个学生带动几个学生""一个班级带动几个班级"，从而使每一个同学都参与到环保活动中来。

第三，作为当代中学生，我们应高度重视和警惕环境污染问题，从现在做起，从身边的小事做起，保护环境，保护我们共同的家园。

3.3.2 议案二：让校园网成为同学们学习的密友

组员：李××；张××；冯××；杨××。

新学年，从电视里传来了一条新闻——有人"失望（网）"了。

"最近，我镇经过连日搜查，发现二十五间网吧违规，搜到几百台电脑。"

看！从网吧里面走出来的，十个有八个是"小矮人"，不禁令人产生丝丝悲凉之感。

为何那么多学生沉迷在网吧？原来，现在的社会五花八门，有些人利用网络宣传色情、赌博、凶杀、恐怖等所谓的"刺激"。如果未成年人不加以选择地去阅读和观看这些内容，就容易受到不良的影响。我们透过学生心灵的窗口，观察他们的精神家园，不难发现：某些腐朽没落的生活方式对学生的影响不可低估。封建迷信、邪教和黄赌毒等社会丑恶现象泛起，一些成年人的价值观发生扭曲，以权谋私等消极腐败现象屡禁不止等，也给学生的成长带来不容忽视的负面影响。腐朽落后的文化和有害信息通过网络传播，腐蚀学生的心灵。少数学生精神空虚、行为失范，甚至走上违法犯罪的歧途。在全社会关心和支持学生思想道德建设的风气尚未全面形成，学校教育中重智育轻德育和重课堂轻社会实践的现象依然存在之时，老师面对学生荒芜的精神家园常常感慨万分！现在国家颁布了《中共中央国务院关于进一步加强和改进未成年人思想道德建设的若干意见》，全国各地加大了对非法网吧的打击力度，于是就有了我镇这条喜人的新闻。

未成年人代表着国家的希望，民族的希望，是社会主义现代化建设事业的接班人，是21世纪振兴中华的主力军。因此，青少年能否健康成长、能否肩负起历史赋予的重任,是关系到国家存亡、民族兴衰、革命前辈开创的社会主义事业是否后继有人的大问题。未成年人如果沉迷于网上的有害东西,被它的外表蒙骗和吸引,就会害人害己。

作为未成年人,其不应该沉迷于电子游戏,不应该沉迷于上网交友,应把自己的前途放在首位,把国家的前途放在首位,多去博物馆、纪念馆、科技馆、文化馆等场所,参加一些有益身心健康的活动,来增长自己的知识,丰富自己的文化生活。

同学们,失"网"就是失望。远离网吧,就是为自己创造一个美好的未来!

这条新闻引发了我们的思考,如果校园网向同学开放,成为同学的密友多好啊!

经调查,学生对我校校园网的看法可以总结归纳为以下几点,希望老师接纳:

第一,开放电子阅览室的时间不恰当,且只有一个电子阅览室,不能满足一部分学生(例如初三学生)上网阅读的需求。

第二,校园网方便了学生搜查资料,为学生提供了实物操作,但普及面不够多,因为除了老师有电脑外,学生无电脑上网,也不了解校园网的作用。

第三,校园网的内容不够吸引学生,与学生的年龄有些"错位"。

第四,校园网只能在学校用,不利于校外学生。

针对以上利弊,我们提出了以下几点建议:

第一,建议学校能在节假日也开放电子阅览室,多安排时间让初三学生上网查阅资料,多设立对学习有帮助,能查找我们现在所学学科的更多方面的知识网络。

第二,学校应大力宣传校园网的好处与作用,鼓励学生使用校园网。

第三,把网页设计成较符合初中生年龄的网页,多设计一些学生感兴趣的内容。

第四,开通校外校园网。

3.3.3 议案三:让"直饮机"真正发挥作用

组员:李××;陈××;曾××;陈××;欧××;黄××。

近来,学校建了直饮机供学生使用。但经过一番调查,我们发觉直饮机并未给学生提供多大的方便。具体如下：

（1）学校并未向学生明确表明直饮机的建成，学生未能得知此事。

（2）部分学生将直饮机当作水龙头使用，浪费饮水。

（3）学生没有相应的水杯饮用水。

（4）学校没有进行节约用水的宣传，部分学生浪费饮水。

（5）学生对使用直饮机缺乏积极性。

经过访问50位同学后，我们得知在50位同学中，只有2位同学曾经饮用过直饮机的饮水，其余的48位同学都没有使用过直饮机（如表5-2）。

表 5-2

	使　用	未使用
人　数	2	48
百分比	4%	96%

直饮机是免费使用的，但学生宁愿跑去较远的饭堂买水，也不愿意在教室附近的直饮机取水。一个学生平均一天饮用一瓶水，一个月就要花费30元，一年就要花费约360元。但使用直饮机，学生一年却可以省下约360元，这笔钱绝对可以运用到更好的地方。由此可知，直饮机缺乏使用不仅是学生行动上的问题，还有学生普遍存在着一种错误的观念。学生认为别人都不去使用直饮机，如果自己去了的话，就会没面子。而且，学生都不够积极，一个不去，其他的学生受到影响也不去。因此，我们必须给学生输入正确的思想，改变错误的观点，让学生以一种新姿态重新对待使用直饮机的问题。

针对以上调查，我们小组提出以下几点建议：

（1）学校可为此向全体学生举行一次会议，向学生讲解直饮机的正确使用方法，呼吁学生珍惜用水，不要破坏宝贵的水资源。

（2）学校可建立一个储存柜，安放学生的水杯。

（3）教师充当使用直饮机的示范，推动学生的积极性。

（4）直饮机周围贴上珍惜用水的宣传标题，使学生时刻提醒自己爱护水资源。

以上只是小组意见，仅供参考。若其他同学有更好的意见，希望能够积极提出，为我们学校创建更美好的明天做出一份贡献！

3.4 几点感想

教师利用网络，引领学生共建美好的校园文化，由选题到上课，付出了很多，收获也很多。我想，信息时代，学生不是一张白纸，师生共同进步是新时代的特点。

第一，在网络环境下学习，网络是全新的认知工具，为学生表达自己的建议提供了平台，"能被一种不可抵抗的吸引力诱导着去学习"（夸美纽斯语），这是幸福的。

第二，"学习+激励"能够让学生更聪明地学习。因为学生的积极性和责任心靠的是教师的激发、关怀、引导和提升。上课之前，我向学生详细地说明了参与营造校园文化的意义，我说："现在学校正紧锣密鼓地争创省一级学校，我们的努力会为学校增添光彩。"课堂教学，利用网络进行互动，从而实现师生心灵的沟通。

第三，教师要通过信息技术，开阔视野，通过网络获取新知，找到自己表达的空间和机会，得到对角色的认同和学生的认可，跟学生交朋友，将以往封闭独立的环境转变为交流丰富的、师生共同成长的、促进教师专业发展的环境。这会让每一个学生都有机会表现自己。

第四，"课程+网络"，为校本资源开辟了一条广阔之路。所以，我们需要让网络真正发挥效益，真正发挥对教学不可替代的作用，这既促进学科知识的传授，又促进学生动手能力的培养，既能够体现学生的学习主体性，又能发挥教师的主导性，这才是信息化更高、更深层次的意义。

最后，我想引领学生共建美好的校园文化，其活动本身的意义将会更为深远。文化决定理念，理念决定心态，心态决定行为，行为决定习惯，习惯决定未来。

4. 对"身边的诱惑"说不

现实生活，五光十色，时时处处都充满着形形色色的诱惑！如果学生身处其中而不能正确对待，任由"不良诱惑"影响，其结果将不堪设想。引导学生学会正确面对诱惑，是很值得探索的课题。我尝试以"摸奖"的形式，引导学生直面"身边的诱惑"，收到了较好的教学效果。

4.1 导　入

师：同学们，最近有没有被什么东西或什么事情吸引？

生：有！

师：被什么吸引了？能不能写在纸条上告诉我？

生：能。（说完，学生就在纸条上写着，一分钟后，由组长收齐交给老师。）

师：感谢同学们的信任，坦诚地把吸引自己的东西或事情告诉我。这些发生在同学们身边吸引着大家的东西或事情，都可以说是我们身边的诱惑。这节课，我们的话题就是如何正确面对"身边的诱惑"。

（老师快速地浏览有关纸条，了解学生写的内容，然后把典型的内容集中在一个票箱内。）

师：（手指向票箱）面对着这些诱惑，我们搞一次"摸奖"活动！（学生笑，做好奇状。）我这里准备了一些精美的礼品。怎么样，有没有诱惑？（学生笑，跃跃欲试。）不过，不要着急，我们的摸奖活动要公平和公正，不能弄成第二个西安"宝马车"事件。（学生大笑，课上以前讲过该事件。）本次活动的规则是：首先，由六个同学组成一个小组；然后，请该组派一位代表到票箱里抽取其中一票；接着，全组的同学就摸取的"诱惑"，一起来讨论并分析它为何是"诱惑"？以及如何正确面对它？并说出解决的办法。大家认为方法可行的组，那么，这组同学每人就获得一份奖品，怎么样？（"好！"学生们异口同声地答道。）

（学生就近自由组合成小组，即刻派代表"摸奖"，接着，积极参与讨论和分析，气氛热烈。5分钟后，陆续有小组成员举手。）

4.2　金钱的诱惑

师：你们组"摸"了什么？

生1："金钱的诱惑"。

师：金钱有什么诱惑？请详细说。

生1：有钱的日子，很好过；没钱的日子，真难过！如读书要钱，坐车要钱，吃饭要钱，打游戏机要钱。（学生笑）有哪样不要钱呢？——这正是金钱诱惑人的地方。

师：现今社会，钱确实很重要。但是，对待钱，有的人见钱眼开，或贪或偷或抢，结果是违法犯罪；有的人唯利是图，六亲不认，结果众叛亲离。你们认为应该如何正确面对金钱的诱惑呢？

生2：我认为不宜太在意钱。

生3：就我们学生来说，钱的来源主要是向父母伸手。所以应知"儿女手中钱，父母血汗聚；锄禾日当午，分分皆辛苦"。（学生报以掌声。）

生4：我们要是花钱大手大脚，势必用钱就多，对钱的需求就会多，金钱的诱惑力就会强烈。所以我觉得用钱应有分寸，应该学会节约开支。

生5：我们听过"不吃嗟来之食"的典故，所以不是正当的钱不可要。

师：你认为怎样的"钱"算是正当的钱呢？

生5：比如说不偷不抢不骗，通过自己的劳动获取，当然父母给的钱也是合理的。

师：据我了解，有的同学一个月要从父母手里拿个一千八百的，也算合理？

生6：太多了。一般来说有二三百就够了，但最主要的是要根据家庭的实际情况而定。刚才××同学改的诗真好。"儿女手中钱，父母血汗聚；锄禾日当午，分分皆辛苦。"我们要意识到父母赚钱不容易，理应学会节约。

师：说得好！很希望平时花钱大手大脚的同学也能正确对待金钱。同学们，这份礼品归你们了。当然这是你们努力的结果。（获奖品的同学很开心，对其他组的同学不能不算是个诱惑。）

4.3　游戏机的诱惑

师：你们摸到什么？（老师面对另一组的同学）

生1：游戏机的诱惑。

师：游戏机有什么诱惑呢？

生1：举个例子说吧，小兆本是一个性格开朗且成绩较好的学生，可自从学会玩游戏机，没几天就被这玩意儿迷住了。小兆上学带小游戏机打，在家用电脑打。黑板上的字和课本上的练习在他的眼睛里就像电子游戏机里五颜六色的俄罗斯方块和跳棋子一样晃来晃去，赶也赶不走。后来，为了玩这种游戏他经常逃学，住在网吧，还向同学借钱买卡……

师：看来，游戏机害人不浅。既然如此，不玩就是了。

生2：不是这么简单，游戏机容易让人着迷、上瘾，我也有上面类似的经历，你就是拉也拉不动。

师：为什么会这样呢？

生3：电子游戏的画面变幻莫测，内容惊险刺激，使人一旦置身其中就得全力以赴地进入"角色"，因而对青少年有一定的诱惑。

生4：专家指出，青少年一旦沉迷于电子游戏，就会产生越来越强烈的心理依赖和反复操作的渴望，不能操作时便会出现情绪烦躁和抑郁等症状。

师：那么，我们应该如何正确对待游戏机的诱惑呢？

生5：电子游戏是一种新型娱乐，集多种技术和众多学科知识于一体，它对于开发人的智力，锻炼眼耳手脑并用能力，有一定的好处。适当的、有节制的娱乐并不是坏事。

师：但是，我们很容易沉迷，怎样才算适当、有节制？

生6：当我们休闲时，我们可以通过玩电子游戏来适当放松和调节自己，但决不能沉迷于此。我们要以丰富的学习、健身、交友等活动坚决抵制这一诱惑！

师：正如谚语所云："学如逆水行舟，不进则退；心似平原走马，易放难追。"可见，青少年在学习期间，学会有节制地玩游戏是何等的重要！

……

4.4 六合彩的诱惑

师：你们面对的"诱惑"是什么？

生1：六合彩的诱惑。

师：听说"六合彩"是从香港传入广东的，参与的人很多很普遍。现在，我做个调查，玩过"六合彩"的同学请举手，一、二、三……共九人，看来，有些同学对"六合彩"是有"经验"的。"六合彩"主要存在于什么地方？彩民为谁？

生2：地下"六合彩"现象大都存在于一些农村。彩民大多都是农民和居民。

师：一些彩民平日里省吃俭用，却舍得把大把的钱扔到地下"六合彩"这个"无底洞"里。"六合彩"对普通群众具有很强吸引力。为什么呢？

生3：生活水平不高，想"奔小康"呗。（学生笑）由于地下"六合彩"有开奖频率密、中奖概率大、奖金赔额高等迷惑性的说法，这的确对一些家庭经济条件不宽裕的群众具有吸引力。

师：说"奔小康"，不对吧？

生4：不对。应该说是有"不劳而获、一夜暴富"的梦想，（教师对该生的说法加以肯定）加上，有的抱着"玩玩"的心理。

师：地下"六合彩"还有什么吸引人的地方？

生5：地下"六合彩"下注金额不限，一注5角、1元、2元、5元、10元甚至更多，不封顶，小有小玩，大有大玩，所以，很有市场，谁都可以玩。许多彩民正是从小打小闹开始，终致一发不可收拾。

师：看来，原因很多。据大家所知，彩民们痴迷其中的例子一定不少？

生6：我村年逾八十的老太太罗某，家境并不富裕，祖孙三代挤在小土房里，两个儿子外出打工五年挣了三万多元钱，交给老太太保存，准备明年建造新房用。老太太看到本村有一个老太太买"六合彩"赢了两万元，便心动起来。她先用自己的私房钱买，想哪天也赢个两三万，结果越买瘾越大，花光了自己多年的积蓄三千多元钱后，输红了眼，把儿子们建房的三万多元积蓄也花光了，后觉得无脸见儿子，跑到庄家的楼房上跳下身亡。

生1：有的打工仔和打工妹把每月辛苦积攒的工资都赔光了；有的家庭主妇把每天的当家钱、子女的学费都用于赌博；有的学生在父母的影响和带动下，也拿着三五元零花钱去投注。一些赌民甚至把多年的积蓄输光了，再变卖物业或典当值钱物件后继续参赌，最终落了个倾家荡产。

师：悲剧！"六合彩"赌博引发走投无路、家破人亡者大有人在。由此看来，"六合彩"真是"害人彩"！除此而外，它还有什么危害？

生2：这破坏了社会正常的工作、学习和生活秩序。

生3：诱发封建迷信活动，败坏社会风气，严重影响精神文明建设。另外，这还会诱发暴力性犯罪，影响治安稳定。一些庄家和赌头，赢了钱就逼债，输了钱就赖账，无力兑奖就携款潜逃。

师：那么该怎么办呢？

生1：公安机关应该坚持不懈地开展打击"六合彩"专项整治行动，制定并采取强有力的措施，正确运用法律武器，狠狠打击地下"六合彩"违法犯罪活动。

生2：在加大打击力度的同时，公安机关还要注意加强对群众的宣传教育工作，如采取召开村民道德评议座谈会，将严禁参与"六合彩"等赌博活动的条款写进劳动合同等有效措施。

生3：广大市民一定要擦亮眼睛，提高辨别是非的能力，对地下"六合彩"要保持清醒的认识，要明白"天上是不会掉馅饼的"。

师：看来，指望"六合彩"致富是不现实的，也是可怕的。同学们应该怎样对待它呢？

生：学会拒绝，远离"六合彩"。

师：这是我们正确的选择。同时，我要对你们的努力加以奖赏。（发奖品）

同学们：面对着生活的种种诱惑，我们要有孙悟空"火眼金睛"的本领，要能够看出"诱惑"的良莠之分。对待如老师搞的"摸奖"一类的领奖台的诱惑，我们应该通过努力去获取奖赏，千万不可使用非法的手段占有；对待"六合彩"赌博等不良诱惑，我们要学会拒绝。（在热烈的气氛中结束授课）

5. 防范侵害，保护自己

青少年的警惕性差，对陌生人和异常现象缺乏戒备，防范侵害与保护自己的意识和能力较弱，在现实生活中常受到伤害。谚语云："害人之心不可有，防人之心不可无。"所以，结合当前学生的实际，我试图借用事例，架设生活与教材的桥梁，引导学生参与和感悟本课程，从中使其获取防范侵害与保护自己的意识和能力。

5.1 事例引入

师：谚语云："害人之心不可有，防人之心不可无。"这是非常正确的。可是，在现实生活中，有些人就是缺少一点"防人之心"，导致被人所害。大家请看小佟的事例。

小佟第一次出远门，去外婆家过暑假，站在这座陌生城市的十字路口，放下旅行包，四处张望。一辆风驰电掣的摩托车停在她身旁，车上的男青年问："怎么了，我可以帮你吗？"小佟怯生生地问："请问人民路怎么走？""正好同路，我送你。"男青年边说着边拿起小佟的旅行包，给了她一个头盔。摩托车载着小佟驶向前方……

5.2 想象和猜测

师：同学们，请大家想象和猜测，给这个故事续写结尾，并说出你设定这个结局的理由。

（让学生思考与讨论，3～4分钟，给学生思考的时间和空间）

△安全送到外婆家

生：在前方不远处就是人民路。男青年问："你要到谁家？是多少门号？"小佟答："外婆家。是××号。"结果，小佟很快地找到了外婆家。设定这个结局的理由是男青年是好人，是该市人民路的好青年。

师：小佟遇上好人。所以，安全到达外婆家。这是个好的结局。但是万一遇上的是坏人呢？

△被勒索

生：摩托车一直驶向远方。在一个空旷的地方停了下来。男青年说："我辛辛苦苦把你带到这地方，不是白干的。把你身上的钱留下，否则……"就这样，小佟被勒索了身上所有的钱。设定这个结局的理由是小佟遇上的是贪财的人。

△劫财、劫色

生：小佟遇上的男青年不仅贪财而且是好色之徒。摩托车驶到空旷的地方，小佟叫天天不应，叫地地不灵，不但被劫走身上所有的钱，还被可耻的男青年强奸了。

△被拐卖

生：在前方不远胡同处，摩托车停了下来。男青年热情地说："里面就是你外婆家。"小佟一进胡同，就被几个人摁倒，然后被抬上一辆小四轮。后来她被拐卖到很远的小山村。设定这个结局的理由：男青年是拐卖人口团伙的一员。

（教师让学生试图想象和猜测结尾，可以活跃课堂气氛。以上为学生想象和猜测的四种可能，或许还有更多。）

5.3 献计献策

师：大家想象和猜测的故事结尾：被勒索，被劫财和劫色，被拐卖，真是太可怕了。为了避免这些可怕的事情发生，请大家献计献策，假如你是小佟，应该怎么办？

生：我们发现男青年开车那么快，有点不对，要意识到可能发生不测，要学会用智慧保护自己。

师：大家想想如何用智慧保护自己？

△故意丢掉旅行包

生：我会故意丢掉旅行包，说："请停车。大哥，不好了，车开得太快，我的旅行包掉了。"如果车停下，我就拿着旅行包跑。如果车不停，我就说："旅行包里有好几百元钱。"也许男青年见钱眼开，这样，我就得救了。事后，我再报警。

△暂时妥协，然后报案

生：如果被勒索。我会暂时妥协，但我会记住男青年的外貌，摩托车的号码以及他的去向，然后报案。

△用拖延和转移的办法

生：如果被劫财和劫色，这确实难办，但是我一定要镇定，我将用拖延和转移的办法。我说："大哥，你看，这环境多不好，我旅行包里还有点钱，不如到旅店去，那里舒适又干净。"（学生笑）如果男青年同意了，我就有救了，到了旅店，我再机智地求助他人。

△呼救

生1：如果是被拐卖这种结局，我只有拼命地叫喊，或许有人听到能相救。

生2：如果是被拐卖这种结局，我说："等等，你们是想要钱吧。叫我家里给你们就是了。"如果他们答应了，通过电话联系，家里人就可以想办法救我了。

（"献计献策"环节注重激活学生的思维，更注重唤起学生发自内心的那份关爱。）

5.4 启　示

师：急中生智，办法还是挺多的。从小佟的遭遇中，我们可以得到什么启示？

启示一：要注意的原则

生：我们青少年在遭受不法侵害、实施自我保护时，应当注意：力量对比；对周围环境的利用；机智地求助他人；主观心理的调节；人身安全第一；避免无谓地激怒对方；暂时妥协，事后报案。

启示二：需要冷静，要学会运用有效的求助方法

师：这是我们青少年在遭受不法侵害、实施自我保护时，值得注意的几个原则。当遭遇伤害时，需要冷静，要学会运用最有效的求助方法。请大家设计一下有哪些有效的方法？

生：遭遇不法分子的侵害，有能力将其制服时，我们当然要勇敢地同其搏斗；没有能力将其制服时，可以采取"呼救法""周旋法""恐吓法"等及时脱身。

师：万不得已呢？

生：我们也要对可能出现的不同后果进行比较，两害相权取其轻，争取把损失降到最小，保住我们最大的合法权益。

启示三：要懂得用法律武器保护自身的合法权益

师：当权益受到侵害后，我们是忍气吞声，或者是伺机报复，还是？

生：我们既不能忍气吞声，也不能伺机报复，而是应该拿起法律武器保护自身的合法权益。（师插问："你知道有哪些专门保护未成年人的法律吗？"如《中华人民共和国未成年人保护法》《中华人民共和国预防未成年人犯罪法》等。）

启示四：要提高警惕

师：还有什么启示？

生："三十六计，走为上计。"所以，我想，小佟最好的办法，就是不上当。也就是说，小佟要提高警惕，面对陌生的男青年，要有防人之心，不能上他的摩托车。

师：好！这是最好的办法。当然这也是最值得让我们注意的启示。在这里，尤其对女同学提出几点自我保护的建议：上学、放学或外出游玩时，要结伴而行，不去树林和山洞等偏僻的地方；不去营业的歌舞厅、录像厅、通宵电影院等潜伏不安全因素的地方娱乐；不与陌生异性单独会面，不搭乘陌生人的车辆；面对侵害，要积极寻求帮助，敢于抵抗，记住罪犯的特征并及时报案。到这里，讲课结束，谁来用一句话来概括一下这节课的内容？

生1：防范侵害，保护自己。

生2：我补充详细一点，那就是，提高警惕，防范侵害；用智慧、用法律，保护自己。（师出乎意料）

（本文发表于《思想政治课教学》2005年第10期）

六、激发潜能实践

潜能是指我们具有的但未表现出来的能力。每个人都有巨大的潜能,每个人都有自己独特的个性和长处,每个人都可以选择自己的目标,并通过不懈的努力去争取属于自己的成功。至圣先师孔子曾云:"吾十有五而志于学,三十而立,四十而不惑,五十而知天命,六十而耳顺,七十随心所欲而不逾规。"孔子这段话表述了他认识自我,发展自我到完善自我的全过程。教师要引导学生认识潜能、挖掘潜能,促进学生不断地由认识自我、发展自我到完善自我。

1. 发现自己的潜能

进入初中新的班集体，多数学生都会带着新的美好梦想，追求自己在学业等方面的进步和成功。但随着竞争日益激烈，学习压力的增大和学习难度的增强，很多学生会失去自信，迷失美好的梦想，产生了"自己什么都不行，什么都不如别人"的自卑心理，从而影响自己的健康成长。因此，教师应引导学生认识到每个人都具有巨大的潜能，使学生对潜在的自我树立更多的信心，重新发现自己的潜能，挖掘自己的潜能，为今后的人生奠定成功的基础。

1.1 看图说话

师：今天这节课，我们一起来认识潜能并"发现自己的潜能"。大家先来看图（如图6-1），然后说说图中讲的是什么事。

生：一个农民看到儿子开的那辆轻型卡车突然间翻到了水沟里。他大为惊慌，急忙跑到出事地点。当他看到沟里有水，儿子被压在车下面，只有头露出水面。他毫不犹豫地跳进水沟，双手伸到车下，把车抬了起来，另一位跑来救助的工人帮他把失去知觉的儿子从下面拽了出来。当地医生很快就赶来了，经检查，发现农民的儿子只划破一点皮，没有其他损伤。此时，这个农民觉得奇

图6-1

怪。刚才抬车时根本没想自己是抬得动车,由于好奇,他又去试了一下,这次却根本抬不动那辆车。

师:噢!是这么回事。能不能简单作个概括?

生:为了救儿子,他把轻型卡车抬了起来;救了儿子后,却怎么也抬不动了。

师:是啊,这位农民第二次试着抬车,却根本抬不动那辆车,可见,那辆轻型卡车——很重(稍停顿,让学生感悟出来),超出了农民平常的体力。这么重的车,为什么农民第一次就能抬了起来?

生:为了救儿子。

1.2 感悟、启示

师:为了"救儿子",农民发挥出超平常或者说超水平的体力。同学们,从这件事中我们得到了什么启示?

生:人是有潜能的。

生:人在非常时刻会有惊人的潜能。

师:什么时刻?

生:危急时刻。

师:如农民的儿子被压在车下面时,又如"中华民族到了最危险的时刻,每个人被迫着发出最后的吼声……"(引唱,学生跟着唱)所以我们的英烈就有惊人的体力、毅力、精力同敌人做顽强的斗争。这里说的"危急时刻",其实可以转换为目的,农民为了救儿子,中华儿女为了救民族,可见,人在一定目的的驱使下,可以具有相当大的潜能。

师:还有什么启示?

生:潜能可以助人成功。

生:我们要发现自己的潜能,并且挖掘自己的潜能。

1.3 发现自己的潜能

师：说得好。可以说，人的潜能是多方面的。除了体能外，还有智能，请大家以链接"http：//216.185.145.59/qianneng/qnchj.htm"为参考，然后说说人有哪些潜能。

生：语言智能、音乐智能、数理逻辑智能、空间智能、身体运动智能、人际交往智能和自我认识智能。

师：这些智能可能就存在于大家的身上。大家是否有过这样的体验，有时不经意中发现自己某方面的所长，这就是你的潜能。下面请同学们以六人为一小组，交流自己的发现。

（学生交流，略）

师：大家的交流很踊跃。老师很想知道你们的发现，谁先说？

生：我是刚才发现的。（学生笑，惊奇）

师：怎么发现的，说给大家听听。

生：我们知道人是有潜能的，潜能可以助人成功，所以，我想一个人在哪方面有所长，或许这方面就是他的潜能所在。我们也知道潜能是多方面的，主要有语言智能、音乐智能、数理逻辑智能、空间智能、身体运动智能、人际交往智能和自我认识智能七种。比较一下，我觉得自己唱歌好一点，乐感准确，应该说我具有音乐的潜能。

师：同学们，要不要这位同学唱两句试试？（学生：要！）

生唱："五星红旗，我为你祝福……"

师：唱得好！很高兴，在我们的学习过程中促使同学发现了自己的潜能。谁还有发现了自己的潜能？

……

生：我可能有空间智能。因为外出旅游，我爸爸、妈妈老是迷路，我却分得很清楚。

生：我有语言智能，要不我的作文不会总是被老师作为范文？的确，我挺喜欢写作文的。

师：语言有书面语，也有口语，谁的口语表达好？

全班学生异口同声：×××。

师：我们共同发现了×××具有语言潜能。看来，发现自己的潜能，有时也可以从他人的评价中得出。同学们，我们要善于发现自己的潜能，更重要的是要挖掘潜力。

1.4 挖掘自己的潜能

1.4.1 积极的自我暗示

师：常听同学说"烦死了"，说完会对自己有何影响？是不烦了还是更烦？

生：会有不良的影响，会更烦。人的心情，说烦就烦，不烦也烦。人经常反复说的话会对自己起到暗示的效果。

师：暗示从效果上看分为消极暗示和积极暗示两种。"说烦就烦，不烦也烦"属于消极暗示。积极的暗示又会是怎样的呢？请同学们朗诵教材第53页日本成功企业家的话。

（学生朗读略）

师：这段话对他起到了什么作用？

生：激励鼓舞作用。说乐，会乐，不乐也乐；说自信，就自信，不自信也会自信。

师：下面我们进行创造自信的活动，请大家准备一张纸条，给自己写下积极的自我暗示语，贴在文具盒上。要求：a. 句子简单有力；b. 用肯定语气，正面表达；c. 要有可行性；d. 要给人快乐健康的感受。

（过程略）

1.4.2 设计更好的自我形象

师：请同学们阅读教材第53页的图文材料，然后思考，小孩长大后能够成为建筑设计师，那句话对他产生了什么影响？"

生：是一种积极的暗示。

师：还有呢？

生：那句话体现了他对自己理想形象的设计，这使他有了追求的目标和努力的方向，也有了人生信念给自己的人生道路做指引。

师：的确是这样。下面让我们做自己的"形象设计师"。在你心目中勾勒出自己理想的形象，并进行交流。（如图6-2）

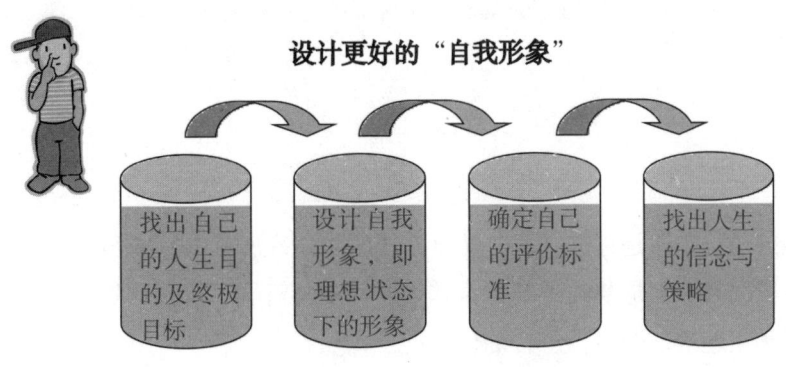

图6-2 发挥潜能的四大配合因素

（过程略）

1.4.3 多实践

师：除了"积极的自我暗示""设计更好的自我形象"这两种方法，你们还有什么别的发掘潜能的方法？

生：例如尝试法、压力变动力、经常学习训练等方法。

师：无论何种方法，最重要的事都是要付诸实践，要真正去做才行。"现在就去做"，这样你很快便会养成一种强有力的习惯，在紧要关头或有机会时便会立刻掌握发掘潜能的方法。所以，大家要及早行动起来，给自己制定一个切实可行的发掘潜能的计划。

（过程略）

师：任何成功者都不是天生的，成功的根本原因是开发了自己无穷无尽的潜能。只要你抱着积极的心态去开发你的潜能，你就会有用不完的能量，你的能力就会越用越强。所以，最后，我祝愿同学们多发现自己的潜能，多挖掘自己的潜能，这会为今后走向成功奠定基础。

（本文发表于《教学月刊》2005年第10期（下））

2. 让学生真正成为学习的主人

道德与法律课是为初中学生思想品德的健康发展奠定基础的课程，该课程起始阶段的教学则是基础的基础，其重要性不言而喻。在起始阶段教学中，如何实现学生趣学、乐学、会学呢？

2.1 精心设计，激发学习情趣

2.1.1 引入精彩激兴趣

"21位聋哑人以舞蹈'千手观音'闪亮春晚，感动中国，震撼世界！"教师的开场白，语出惊人。"同学们，想看吗？"学生们迫不及待，仿佛被磁铁吸引了一般，使"想"应声而来——学生们带着好奇，静静地观看录像实况（录像截图如图6-3）。

初一新生的心理特点之一就是好奇，作为道德与法治课教师，我们应高度重视并充分利用学生的这种积极的心理因素，根据不同的教学内容，精心设

图6-3

计出能够引发学生好奇心和兴趣的形式多样的导语并将其引入新课，激发学生的学习兴趣。

2.1.2 过程探究激情趣

学生们在欣赏着"千手观音"视频，全神贯注。待播放完毕，教师深情地问："同学们，观后可有什么感受？"学生聚精会神地描述，主要有：舞美、不可想象、精彩、感动等。教师又动情地问："大家可想过'动人'背后的艰辛？'千手观音'的演员又聋又哑，他们排练节目时会遇到怎样的困难？"教师入神的话语拨动了学生沉思的琴弦，有的说他们听不到音乐，有的说他们不能交流，有的说他们的动作难协调等。"这些困难中最大的莫过于听不到音乐，怎么办呢？"学生思想的情趣再次被教师的提问激活。其中有一名学生说，聋哑人的触觉最好，他们应是从触觉开始感受音乐。"真棒！"教师的肯定，让学生感受到探究成功的快乐。"是的"教师补充说"他们用手触摸和感受音乐的节奏，把它们牢记在心里。21位聋哑演员就是这样发现自己的潜能并通过努力，取得了成功。可见，发现自己的潜能与事业成功有一定的联系。"沉静片刻，有学生说，发现自己的潜能是事业成功的重要条件。教师仿佛在分享学生的审美乐趣，探究创新的成果。

如果说兴趣引入是教学成功的开始，那么探究过程激发学生的学习情趣则是教学成功的关键。感人深者莫先乎情。作为道德与法治课教师，我们应该善于运用多种艺术组织教学内容，创设情境，巧设提问，用幽默与赞赏等方式，激发学生思想的情趣，让学生思维的火花怒放！

2.2 学会阅读，提高学习能力

2.2.1 手脑并用品真味

"发现自己的潜能是事业成功的重要条件"，这是我们对潜能作用的认识，除此之外，我们对潜能还有什么认识呢？请同学们阅读书本第51~52页并把有关内容做"圈点勾画"的记录。这样引导学生看书，有方向、有要求、目的明确。言毕,教师亲近学生,观赏学生的研读。此刻,学生手脑并用,在做"圈点勾画"的注标,显得十分投入。一会儿,学生先后举手,有的说,潜能犹如一座有待开发的巨大金矿,蕴藏丰富的宝藏,价值连城!有的说,据科学研究人脑只被开发了1%~10%。有的说,潜能像网络上的"+",越增添越多,可以说潜能是巨大的。有的说,人的潜能是多方面的,研究证明,每个人至少有七个方面的智能:语言智能、音乐智能、数理逻辑智能、空间智能、身体运动智能、人际交往智能和自我认识智能。这是学生自己的理解,是扩展的思维。"概括起来,我们对潜能的认识是什么?"水到渠成,学生答道:"潜能是巨大的,人的潜能是多方面的,发现自己的潜能是事业成功的重要条件"。不难看出,学生自主学习,品出了书中真味。

阅读能力是可以让学生终身受益的学习能力,激励学生读书是教师的一种教学能力的体现。作为道德与法治课教师,我们要走出"讲'条条',学生背'条条'"的包办代替的怪圈;教师更要善于把学习的时间和空间留给学生,把学习的主动权交给学生,让学生主动地学。只有这样,才能使学生既得到"猎枪"又得到"兔子"。

2.2.2 尝试迁移显真功

"发现自己的潜能是取得成功的重要条件,发现潜能就一定能取得成功吗?"这是一个具有挑战性的提问。在教师的期待中,一名学生举手答道:"未必,潜能毕竟是潜能,只有发掘出来,才能取得成功。""有见解!"教师夸奖道"那么如何发掘自己的潜能呢?"教师请学生再次看书研读。可是,教师并不急着要学生回答,而是让学生从"千手观音"的主要演员聋哑人邰丽华的做法中对方法加以总结。

在采访中,邰丽华说:"训练很辛苦,但在训练的时候我常常对自己说'我可以的,正常人可以做的,我付出多倍的努力,我也一定行。'我从小就有个梦想,幻想自己某一天成为一个舞蹈家。……为了保持好的演出状态,我们每天都要早起跑步,在瑟瑟的寒风中脸被吹得生疼,每天都从早上排练到深夜。"

"邰丽华发掘自己潜能的方法有哪些?你是从哪句话中看出来的?"教师并不直问。这需要学生从材料中提取有效信息与深化迁移,方能做到。学生边看书边对照材料。功夫不负用心人,一会儿,有的说,邰丽华常常对自己说:"我可以的，正常人可以做的，我付出多倍的努力，我也一定行。"这是给予自己积极的暗示。有的说："我从小就有个梦想，幻想自己某一天成为一个舞蹈家。"这是在心中想象出一个比自己更好的"自我"形象。有的说，"我们每天都要早起跑步，在瑟瑟的寒风中脸被吹得生疼，每天都从早上排练到深夜。"这是在实践中激发潜能。

一位名人说过："你能给学生的最好恩赐，莫过于让他完全靠自己的脚走自己的路。"说得真好！作为道德与法治课教师，我们应设计贴近学生"最近发展区"的练习，培养学生提取有效信息的能力，激励学生"跳一跳摘到果子"。

2.3 学会协作，促进思想交流

"发掘自己的潜能，邰丽华等聋哑人能行，同学们一定也能行！"教师充满信任的期待，让学生深受鼓舞，个个跃跃欲试。此时，教师向学生发一份精美的"我的潜能开发计划"信笺。内容有：

△我打算先开发自己_____方面的潜能，我准备_____。

△说一说：你运用了哪些发掘潜能的方法？这样做会对发掘自己的潜能起到什么样的作用？

约五分钟，大多数学生填写完毕。接着，四人一小组互相交流。课堂上，时而一片叽叽喳喳，时而笑语连连。小组同学在分享着各自的潜能开发计划。然后，教师亲切地问："谁能在班上说说？"学生更是踊跃发言。有的说："我打算先开发自己身体运动方面的潜能，以刘翔为榜样，做一名出色的运动员。我不做纸上谈兵，从现在开始，我要早晚坚持长跑。我要经常给予自己积极的暗示，提升自己的信心和勇气。"教师夸奖"不做纸上谈兵"用得好！另一名学生说："我打算先开发自己逻辑方面的潜能，我准备当一名律师，律师要懂法律，要有口才。我要勤奋学习，实现自己的梦想。"方法有点笼统，于是教师提议："为了××同学实现自己做律师的梦想，大家有什么可供参考的建议？"有好几名学生提供建议，主要有：写做律师的座右铭、多看法律书、参观律师诉讼活动、参加口才辩论训练等。笔者数来，有近二十名学生畅谈了自己的计划或为同学提供了参考建议。由此可见，师生、生生之间的互动十分投入与活跃，协作又是那么愉快与成功,学生体验感悟的养成显然是积极、宽松、和谐的。

英国大文豪萧伯纳曾做过一个著名的比喻,他说:"倘若你有一个苹果,我也有一个苹果,而我们彼此交换这些苹果,那么,你和我仍各只有一个苹果。但是,倘若你有一种思想,我也有一种思想,而我们彼此交流这些思想,那么,每个人将各有两种思想。"这个比喻很形象地告诉我们一个道理,让学生一起交流自己的知识与思想,就会促进每个学生互相启发、互相促进。

作为道德与法治课教师,我们应营造平等、宽松、和谐的课堂氛围,使自己真正扮演组织者、协作者、引导者、促进者的角色,让学生真正地成为学习的主人。

3. "思维导图"：活化知识的神器

思维是人类最美丽的花朵。可是许多时候，当我们审视我们的道德与法治课堂教学时，却鲜能把思维激活。为什么呢？因为从知识的角度来看，多数学生对知识的理解只停留在认知的层面上，对知识的认知又多是碎片化的，学生不能把知识相互联系起来，更不能活化知识。我们知道，课堂是真理呈现之处，教学是知识散发魅力之时。在静态的教材之下，蕴藏着人类最伟大的奥秘："发现宇宙与人类，书写宇宙与人类的整个过程。"按理说，课堂教学正是这一发现与书写的重温和延续。但由于没有思维的激活，人类最伟大的奥秘只能沉睡在静态的教材下面。

怎样才能把思维激活呢？英国心理学家、教育学家东尼·博赞创建的"思维导图"，是有效的思维模式，是记忆、学习、思考等的思维"地图"，是激活思维的一种有效工具，有利于人脑思维的展开。基于这样的认识，我引导学生参与设计探索的"思维导图"，不只是从"是什么、为什么、怎么样"的角度思考，而且是从"相联系"的角度来思考，尽量避免认知碎片化的倾向，这收到了一定的活化知识的效果。

3.1 并列式：权利—义务

公民依法享有法律规定的权利，同时需要依法履行法律规定的义务。这是一对并列对等的关系。怎样把这对关系充分地用思维导图表达出来呢？笔者引导学生用"—"把两者巧妙地并列连接起来（如图6-4），构成了并列式的思维导图:权利—义务。

"一致性"和"主体"两个关键词突出地概括了权利与义务的关系。其意思是,公民的权利与义务是一致的,绝不能把权利与义务分割开来。公民既是行使权利的主体,又是履行义务的主体。

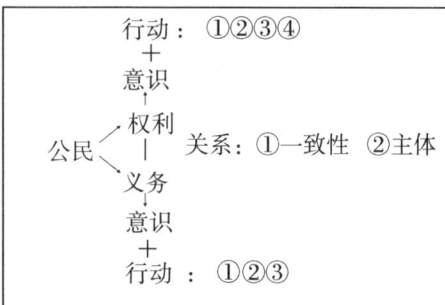

图 6 - 4

从"思维导图"中不难发现,公民的权利与义务两边的标识:"意识+行动"。

"意识+行动"是指什么?是指我们要有权利意识,同时,也要有义务意识,有了这两个意识之后,还要有行动。就是,我们要正确行使权利,即:①在行使权利时,要尊重别人的权利。②在行使权利时,不得损害国家的、社会的、集体的权利。③在行使权利时,要在法律允许的范围内行使权利。④在行使权利时,要用合法的方式行使权利。另外,还要自觉履行义务。即:①法律提倡或鼓励做的,我们要积极去做。②法律要求做的,我们必须去做。③法律禁止做的,我们坚决不做。

这是一对并列式的"思维导图"。通过"思维导图",既导出"权利与义务的关系是什么?",又导出"怎样正确行使权利?怎样自觉履行义务?"。可谓:思维并列展开,导图横生妙趣。

3.2 包容式:教育 > 受教育 > 义务教育

教育、受教育、义务教育,这三者既有区别又有密切的关系。我引导学生设计的思维导图(如图 6 - 5),用" > "把三者连接起来,体现了它们之间的区别和联系,构成了三个层级包容式的思维导图:教育 > 受教育 > 义务教育。

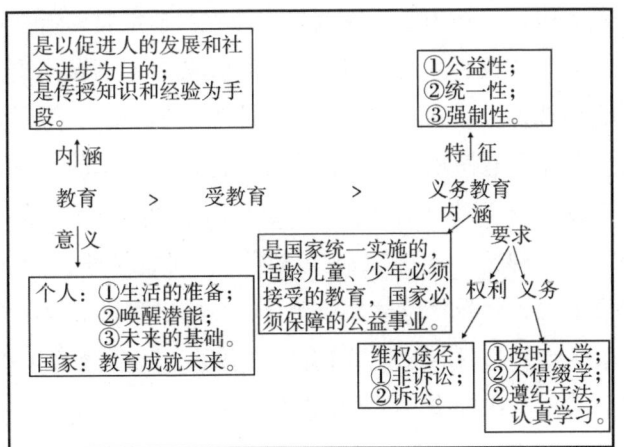

图6-5

第一层，侧重理解"教育是什么？为什么要重视教育？"两个问题。教育是什么呢？教育是以促进人的发展和社会的进步为目的，以传授知识和经验为手段的，培养人的社会活动。教育是对人类文化进行传承和催化的活动，是连接过去和未来的中介。为什么要重视教育呢？对于个人来说，一方面，教育是每个人生活的准备。它通过向个人传递文化，帮助人超越一己之见去掌握前人的经验，分享人类世代积累的知识财富，获得独立生活的必要前提。另一方面，它又唤起人的潜能，使人不断提高和革新自己，从而开辟人性发展的道路，奠定走向未来的基础。对于民族和国家来说，教育成就未来。

第二层，侧重理解"受教育是什么"的问题。受教育是什么呢？它不仅是我们应该享有的重要权利，而且是我们必须履行的法定义务。受教育可分为学前教育、小学教育、初中教育、高中教育和高等教育等。

第三层，侧重理解"义务教育是什么？初中学生应该怎么做？"的问题。什么是义务教育？在我国，义务教育包括小学教育和初中教育。（2020年普及12年义务教育。）所谓义务教育，是国家统一实施的所有适龄儿童、少年必须接受的教育，是国家必须予以保证的公益事业。义务教育的显著特征有：第一，它具有强制性，由国家强制力保证其推行和实施。第二，它具有公益性，即不收学费和杂费。公益性是与免费性联系在一起的。第三，它具有统一性，在全国范围内实行统一的义务教育。其统一性包括制定统一的义务教育阶段课程设置标准、教学标准、建设标准、学生公用经费标准等。

作为义务教育阶段的初中学生应该怎么做呢？学生要珍惜学习的机会，要懂得维护自己受教育的权利。当我们的受教育权被他人剥夺或受到侵犯时，我们可以采用非诉讼或诉讼的方式予以维护。同时，我们要自觉履行受教育义务。履行受教育义务最主要有三项：第一，认真履行按时入学的义务；第二，认真履行接受规定年限的义务教育的义务，不得中途辍学；第三，认真履行遵守法律和学校纪律，尊敬师长，努力完成规定的学习任务的义务。

教育包括受教育，受教育包括义务教育，这是包容式层级关系的"思维导图"。通过"思维导图"，我们对"教育、受教育、义务教育"的思维深入展开，重点突出，导图层次分明，剖析由表及里。

3.3　因果式：公正←公正的制度

公正的对待，必须有公正的制度来保证。这说明公正的制度是实现公正的必要条件之一。我引导学生设计思维导图（如图6-6），用"←"把两者连接起来，构成了因果式的思维导图：公正的制度是原因，得到公正的对待是追求的结果。

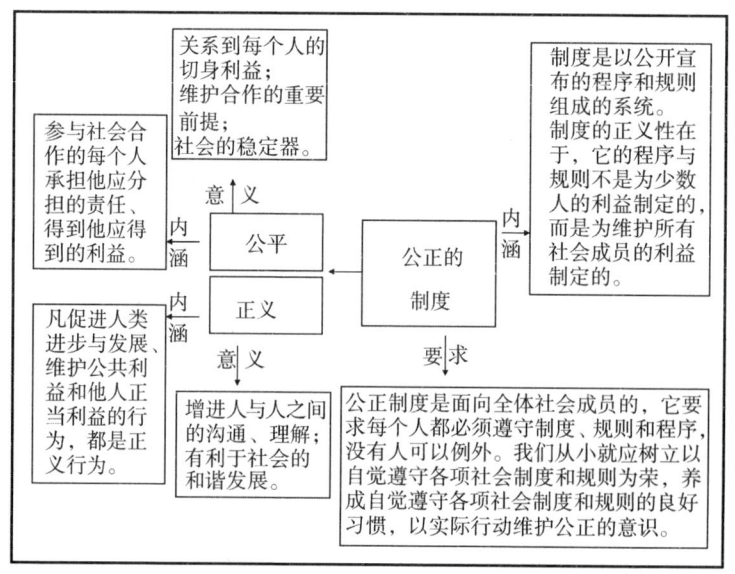

图6-6

公正是指什么？公正是指公平正义。一般来说，人们心目中的公平，意味着处理事情要合情合理，不偏袒哪一方，不偏袒某个人，即参与社会合作的每个人承担他应分担的责任，得到他应得到的利益。如果一个人承担着少于应承担的责任，或者取得了多于应得到的利益，人们就会认为这不公平。所以说，公平体现着人们对自由的追求、对权利的尊重、对自身力量的肯定。公平的意义在于，有了公平，社会才能为人的发展提供平等的权利和机会，每个社会成员的生存和发展才有保障；有了公平，我们才能通过诚实的劳动，得到自己应得的东西，满足自己的合理期望，从而充分调动自身的积极性。所以说，它关系到每个人的切身利益，是维护合作的重要前提，是社会的稳定器。

正义是人类良知的"声音"，凡是促进人类进步与发展、维护公共利益和他人正当利益的行为，都是正义行为；反之，凡阻碍人类社会进步与发展、损害公共利益和他人正当利益的行为，都是非正义行为。我们都愿意生活在正义中。在正义的社会中被欺负了，有人斥责欺人者；受委屈了，有地方鸣冤申诉；被侵权了，有法律制裁侵权者；有困难了，有人伸出援助之手。如果没有正义，善良就会被践踏，邪恶就会肆虐，整个社会就会陷入黑暗和混乱之中。所以说，正义可以增进人与人之间的沟通和理解，有利于社会的和谐发展。

没有公正的制度，就谈不上真正的公正。那么我们应怎样理解公正的制度呢？公正的制度应从两个方面来理解。一方面，公正的制度，是以公开宣布的程序和规则组成的系统。另一方面，公正的制度，组成它的程序与规则不是为少数人的利益制定的，而是为维护所有社会成员的利益制定的。制度的正义，从其表现来看，有矫正的正义、分配的正义和程序的正义。

公正需要公正的制度来支撑，同时也需要公正的人来维护。公正的制度是面向全体社会成员的，它要求每个人都必须遵守制度、规则和程序，没有人可以例外。规则和程序反对歧视，不允许特权。作为社会成员，我们从小就应树立以自觉遵守各项社会制度和规则为荣的意识，养成自觉遵守各项社会制度和规则的良好习惯，以实际行动维护公正。

公正的制度是实现公正的必要条件，没有公正制度的因，就不可能有公正的果。通过思维导图分析，我们较好地梳理和建构了公正与公正的制度之间的因果关系。可见，加强公正制度的建设和维护公正制度有十分重要的作用。

美国教育家杜威认为："每一个认知思维的两端，开始是一个迷惑、纷乱或困难的情境,结果是一个澄清、统一或解决的情境,思维就在这两端之间进行着。"美国教育家苏娜丹戴克也说:"告诉我,我会忘记;做给我看,我会记着;让我参加,我会完全理解。"在老师的引导下,学生参与设计和完成相关的思维导图,改变了知识碎片化的倾向,较好地建构了知识之间的联系,为探究教学活化知识提供了有利的条件。从这个角度来看,思维导图是活化知识的神器。

七、价值引领实践

教师对学生的价值引领是为了有效启迪和打开学生的价值世界,提高他们的价值判断、价值选择的意识与能力,指引他们沿着正确的生活道路前行,使他们在面对纷繁复杂的社会生活时,能从容且自主地进行正确的价值选择。

1. 教师课堂的价值引领

有人说，我们的学生"少了文盲，多了流氓"。这话似乎有点危言耸听，但留意细看，学生中不文明与缺乏诚信的现象还真不少。有的学生荣辱不辨、是非不分，缺少了起码的价值观念。我想，作为教师，我们要提高课堂的价值引领。

1.1 课堂价值引领是一种综合的能力

课堂价值引领是教师对学生主观需要、偏好与理想的引导、规范、整合和更新的能力，是对学生进行价值观教育，使其形成正确价值观和价值信念的能力。

1.1.1 价值识别能力
价值识别能力是实施价值引领最基础的能力。如果教师对学生日常观念与行为的价值观念不了解或了解得不够准确，就谈不上对他们进行正确而有效的价值教育和引导，只能是对学生进行盲目的价值宣传和灌输。

1.1.2 价值引导能力
教师能够在价值识别的基础上帮助学生客观地分析自己持有的价值观念以及它们对自己行为的支配作用，引导学生选择那些能够体现人类基本价值、社会核心价值和组织价值原则的价值观念。

1.1.3 价值辩护能力

教师在实施价值引导时,要能够善于为自己或学校崇尚的价值观念进行辩护,帮助学生充分地了解和认同学校组织价值的合理性与正当性。

1.1.4 价值整合能力

在价值多元的时代,课堂管理也面临着比较多元的价值环境。教师应该基于正确的价值立场进行价值整合,在尊重价值观多样性的前提下引导学生建立基本的价值共识。

1.1.5 价值实践能力

价值领导的过程也就是将某种经过选择和辩护的共同价值观念付诸实践,体现在理念、制度、行为乃至氛围建设之中的过程。这一过程并不是一帆风顺的,会遇到各种意想不到的困难和阻碍。如果属于价值观本身的问题,我们应该通过检讨和重新确立价值观使问题得到解决。如果属于政策制定或人际沟通的问题,我们可以通过提高政策制定的民主性、科学性以及更加充分的思想交流使问题得到解决。具体的办法多种多样,但是将共同的价值观念特别是教育价值观念付诸实践的立场、意志和决心不能改变。

1.2 提高教师课堂价值领导力的对策

1.2.1 建立基本的课堂主流价值

在价值层面上,每个人都会倾向于肯定自身价值的优先性。要改变这种倾向,教师需要强调组织价值、课堂主流价值乃至人类基本价值的优先性。也就是说,教师可以应用更大范围和更加普遍的价值范畴,帮助学生改变价值观念中的"自我中心主义"。

1.2.2 寻求群体支持形成价值合力

在上课的时候,有的学生经常做一些调皮的小动作;上课期间以维护班级纪律为名"为所欲为";藐视班级纪律;挑起学生纷争;在老师讲课期间起哄或者小声地自言自语。而班级中有"沉默的大多数"之称的大部分的成绩和智商在普通水平的学生则必定会成为班级的两极争取的对象。这些学生必须面对两种必然的选择:是选择进步还是选择堕落。至于选择进步还是选择堕落有时并不是这些学生一贯的想法,关键是看哪一种选择的诱惑多一些。所以,教师必须寻求群体支持形成价值合力。

1.2.3 充实情感价值力

教师独特的情感价值力,表现在对教育事业的热爱,对学生的热爱,对所教学科的热爱以及教师的道德感方面。只有师生之间洋溢着相互尊重和友爱的气氛,教师才能开启学生的心扉,使学生乐于接受教师的教育。教师要深入了解学生,从学生角度去认识问题、考虑问题,做学生的知心朋友。教师要真心实意地关心学生,善于运用各种有利于学生身心发展的方法,从生活、学习、思想各个方面无微不至地去关心他们,爱护他们,为学生的成长贡献自己全部的精力、知识和才干。教师要充分尊重和信任学生,要发扬民主作风,允许学生表现独立性,给他们提供更大的独立活动的场所;信任学生就要相信学生都有成为"好学生"的愿望,都有一颗向善的心。教师要严格要求学生,不迁就和放任学生,做到爱之深,求之严。教师既要用爱去激励优秀学生,更应用爱去转变后进学生,因为后进学生更需教师倾注热情,加倍爱护。教师热爱学生,不仅是教师高尚品格的自我体现,也是一种强有力的教育手段。作为一种十分重要的教育力量,它发挥着其他教育因素和力量不能发挥的作用。

2. 让知识转化为教养

——因读书，我思我做

曾读过肖川先生的一篇文章，虽然说不出篇名了，但它的主要内容依然使我记忆犹新。文章说，知识在学生的头脑中，存在两套系统：一套是显性知识系统，即我们知道的可以用语言表达出来的符号、概念、命题、图示、公式和事实；一套是隐性知识系统，即学生待人处事的态度、价值观、习惯和信念等等。前者就是我们常说的"知识"，后者才是我们所说的"教养"。文章还说，"知识"可以转化为"教养"。只有当知识能够渗透到性格结构之中时，体现于日常的、细微的、不经意的行为之中时，知识才能被转化为教养。而这一转化必要的中介就是丰富而深刻的体验。

我读之，为之震撼！从教以来，我自以为让学生掌握了许多知识，明白了不少事理，但实际上，这只是低层次的"知识"，还不是高层次的"教养"。我思之，为之奇想：何不尝试引导学生将知识转化为教养呢？于是我进一步寻思着……

我知道，理论联系实际是一条重要的教学原则，所以在教学中尝试使用事例教学，即用鲜活的事例作为媒介，引导学生在事例中获得丰富而深刻的认识、体验和感悟，然后把教与学、课堂与社会实践的共同作用结合起来，让学生通过学知识和社会实践来规范自己的行为习惯，在这个过程中促使学生的教养逐步形成。

例如，在初三学生学习"选择希望人生"一课时，我以洪战辉作为教学事例，启发学生认识、体验和感悟。

洪战辉是河南周口市西华县东鲁镇洪庄村人，湖南怀化学院经济管理系的学生。在他12岁那年,父亲由于精神病发作摔死了年仅1岁的妹妹,之后离家出走。几个月后,父亲回家并带回了一个被遗弃的女婴。第二年,母亲因不堪生活重负而离家出走。从此,照顾一家人的重担就落在了年仅13岁的洪战辉的肩上。但是他并没有被眼前的艰难困苦压倒,而是乐观坚强地面对生活,不但考上了大学,还把捡来的妹妹送进学校读书。尽管生活拮据,洪战辉却从来没有申请过特困补助,还多次婉言谢绝好心人的捐助。

洪战辉是2005年感动中国的年度人物之一。我让学生思考并陈述(列举)洪战辉感人之处。

2.1 他的真情感动人

洪战辉从13岁起,独自承担起家庭重担,抚养毫无血缘关系的妹妹10个年头,他们兄妹间的那份亲情,不能不让人感动。

2.2 他的自强感动人

面对家庭困境,年仅13岁的洪战辉没有被吓倒,而是勇敢地挑起了家庭的重担。尽管生活过得相当艰难,但洪战辉却从来没有申请过特困补助,还多次拒绝了好心人的捐助,在他看来,"一个人自立、自强才是最重要的"。

2.3 他的乐观感动人

洪战辉经历了无数艰难困苦,让许多人难以自控地流下了眼泪,但是,洪战辉并没有觉得自己有多苦、多可怜,正是这种充满了激昂的干劲与精神塑造了他乐观坚强的性格。

2.4 他的惜学、勤学感动人

在别人看来，洪战辉面对家庭中的生活困境，生存都十分艰难，更不用说完成学业了。然而，就是在这种条件下，洪战辉却战胜一切困难，顽强地坚持下来了，读完初中、高中直至大学，他一路走过来了。

学生的列举正是洪战辉感人之处，边更是学生所思所悟的结果。我肯定学生的陈述，接着进一步启发学生：请结合自己的实际，谈谈我们要向洪战辉学习点什么。

第一，我们要向洪战辉学习，珍惜人间真情。我们平常满脑子想的多是自己，很少想的是别人。从现在开始我们要做到：对待父母，我们要有感恩之心；对待他人，我们要有宽容之心和关爱之心。

第二，我们要向洪战辉学习，做一个自立自强的人。我们平常遇到困难，多是选择了逃避或者依赖，经受不住困难的考验。从现在开始我们要做到：自己的事自己来做，要学会自强自立，要勇敢面对困难，想办法克服困难。

第三，我们要向洪战辉学习，做一个笑对生活、乐观向上的人。我们对待生活笑的少，愁的多。所以我们要做到：乐观地对待生活中所遇到的一切，凡事多向好的方面想，保持一种积极向上的品质和精神。

第四，我们要向洪战辉学习，珍惜学习机会，勤奋好学。与洪战辉相比，我们的学习条件太好了，于是对学习不在乎，不珍惜。现在想来这是错误的。我们要倍加珍惜学习的机会，好好学习。

我带着惊喜的眼光，微笑着、赞赏着学生们精彩的回答。我说，洪战辉不愧是我们学习的好榜样。他平平凡凡，生活中多的是苦难，但是他勇敢而快乐。因此，我说洪战辉是平凡而伟大的人。我们要学习他，做一个自立、自强、自尊的现代公民；我们要学习他，做一个勇于担当、自觉履行职责的现代公民。面对逆境，不绝望、不自弃、不自卑，慨然与惨淡的命运搏斗抗争，进而改变命运的人，也同样是进入精神殿堂受人敬佩的人，是对社会有用的人。

我希望同学们都做这样的人，这样做就是一个"选择希望人生"的人。

作为教师，我想，读书是一件快乐的事情；能把在读书中悟到的理应用于教学中，更是一件快乐的事情。

3. 德育活动提升情感素养

现代德育学理论为德育教育者提出了两点要求：一是受教育者道德的形成需要不断地内化；二是内化的途径是实践。根据这个理论，我们开展德育活动，关注学生的需求，注重学生的情感体验，使德育活动主题鲜明，内容贴近学生的生活，深受学生与家长的喜爱。

3.1 实　践

3.1.1 以唱响校歌为引领开展大家唱响德育活动

"宝山下美景多，黄中如星在闪烁；可龙湖荡碧波，勤奋之歌永不落……"每年9月新生入学与12月校庆期间，我们的校歌"明天是灿烂的星座"就会在校园的各个角落被唱响。此外，我们精选了50首精神健康、积极向上的校园歌曲让学生"唱响黄中"，使学生在歌曲的熏陶中升华情感，达到以歌育德的效果。校园歌曲大家唱活动，创造了轻松、民主的生活氛围，树立了积极进取的风气，使全体师生心胸开阔，精神焕发，形成了良好的心境，有利于学校德育工作的开展。

3.1.2 以座右铭为引领开展名言征集德育活动

我们在生活中都有过这样的体验：在心烦意乱时，偶然行走在林荫道中，不经意看到一句名言，烦躁即刻消失，心境变得朗爽。这是名言所起到的提醒、引导、化解的作用。受此启发，我校要求学生根据自己的情况确定自己的座右铭，班级也开展名言抄录活动，并在班会课上开展"畅谈名言"活动。校园里处处有名人名言，名言时常浸润人的心灵。我们把学生推荐的名言制成牌匾挂在校园显眼处。这些名言由学生收集，为学生喜闻乐见，其教育意义是实在的、有效的。自此，我校每学期都进行一次名言征集活动。

3.1.3 以正确舆论为引领开展升旗致辞德育活动

正确的舆论，是一种积极的态度、良好的氛围、催人奋进的精神力量。我们十分重视营造正确的舆论来引导学生。如在每周一的升旗活动中，我校都会举行升旗致辞活动。致辞的主题和内容都由班级负责。班级同学在班主任老师的指导下，群策群力，精心策划准备。由于主题鲜明，内容简约，舆论正确，我校升旗致辞活动成为了一道亮丽的校园道德风景线。

3.1.4 以礼仪为引领开展规范养成德育活动

礼仪展风采，礼仪显魅力。礼仪是文明的体现。学校对学生进行的礼仪养成教育是一项重要的常规工作，也是学校德育工作的重要组成部分。学校要从正面引导学生，落实训练，持之以恒，才能使学生逐步养成礼仪规范。我校为了学生礼仪规范的养成，从学生衣着仪表入手。学校要求学生春夏着短装，秋冬着长装。开始学生不理解，我们就把规范抛给学生来讨论，使规范从学生中来，到学生中去，这样有人文性、号召性，学生在理解的基础上自觉执行起来，久之习惯成自然。学生穿着整齐干净的校服显得特别精神。我校还抓学生坐立、行走和集队集会等规范礼仪的养成。如集队集会，学生从课室走廊集合整齐，有序小跑到指定地点，鸦雀无声。这也成为我校德育成果的一道亮丽的风景线。

3.1.5 以亲情为引领开展感恩德育活动

感恩是一种生活态度，是一种美德，如果人与人之间缺乏感恩之心，必然会导致人际关系的冷淡，学会感恩，其实就是要让学生懂得尊重他人，对他人的帮助时时怀有感激之心。现在的学生大多是独生子女，平时，眼中只有自己，不知爱惜他人。为了培养学生的感恩之心，我校以亲情为引领开展了一系列感恩德育活动，如组织全体学生利用课余时间练跳"感恩的心"手语团体操，利用周日组织师生和家长参与"共同托起明天的太阳"公益活动等。通过"感恩"系列德育活动,体验"心的成长,爱的传播",学生们进一步理解了父母、老师的"不容易",体会他们的辛劳,这为培养学生成为好公民打下了基础。

3.2 成 效

在课堂教育的基础上,教师要注重实践、体验、养成,增强工作的针对性和实效性,加强活动的吸引力和感染力,坚持贴近实际、贴近生活、贴近未成年人,活动要既遵循思想道德建设的普遍规律,又适应未成年人身心成长的特点和接受能力,将道德知识内化为学生自身的道德行为和道德修养……我校开展的德育活动效果明显,表现在:

第一,学校正气浓。文明、向上、团结、友善、尊重、诚信、守纪蔚然成风。

第二,校园环境美。走进校园,满眼是绿,耳听书声朗朗,脚下一尘不染。

第三,学生品行正。学生诚实,言行一致。懂礼貌,兴趣健康。在家孝敬父母,在校关心集体,乐于助人。

第四,德育实效高。差生转化率达96.3%,违法犯罪率为"零",德育考核优良率达93.3%,文明学生达95.6%。

第五,实验成果多。学校的教育改革实验成果,先后在《东莞教研》《广东教育》《中小学教材教学》《思想政治课教学》等报纸杂志上发表。我校先后被评为市一级学校、绿色学校、市文明单位、省一级学校。

第六,社会口碑好。我校德育工作得到家长的肯定与社会的赞扬。广东新闻曾对我校素质教育做专门报道。

第七,爱校情感深。每逢校庆,各届都有不少学生回到母校共庆华诞。毕业生更是在百度贴吧书写了"再见了,黄江中学——我亲爱的母校",表达了学子的一片深情。

3.3 启 示

如今,德育难做是不争的事实。但不实践、不创新则永远也破解不了德育之难题。我们认为,学校开展的德育活动是学生加强品德修养、学会与人合作交往的一种平台。我们认为,只有导向正确,符合思想道德教育教学规律和未成年人身心发展特点,反映先进德育理念,德育活动才能有实效。所以,开展德育活动应注意如下几点:

3.3.1 关注活动的道德性

必须从学校的客观实际和学生的实际需要出发,让学生在活动中有所体验和收获,不是为搞活动而搞活动。我们要树立活动为学生的健康成长服务的意识。活动的设计要力求自觉、自主、自然,努力达到有意、有效、有益。

如在开展"唱响黄中"大合唱的活动时,我们对三个年级中的薄弱班级做了动员工作,激发他们参与活动的愿望和热情。先是校长给薄弱班级的同学做动员,鼓励他们为班争光,再是德育主任给他们上心理辅导课,并由音乐、舞蹈老师重点指导他们。通过努力,这些班级在大合唱中成为"擂主"。最后,校长给这些"擂主"颁发锦旗,使他们自信、自豪,共同体验到团结合作成功的喜悦。从此,薄弱班级的班风、学风有了明显的好转。

3.3.2 把握活动的整体性

我们要做好整体的把握和个体的定位。我们在开展每一项德育活动时,都会关注活动过程和环节,关注活动内容的前伸后延,关注活动的价值引领;关注每一次活动与每一年整体活动规划之间以及与学生终生发展之间的关系;关注学校、社会、家庭之间整体的有机联动。

3.3.3 力求活动的震撼性

活动没有心灵的触动和震撼就没有说服力、号召力、吸引力。活动过程要精心谋划,活动内容要简明深刻,活动材料要精挑细选,活动氛围要浓淡适度。

3.3.4 务求活动的创造性

"创新"是活动的生命。没有新意的德育活动，是单调和枯燥的，是不符合学生的认知特点的，其结果往往是无效的。我们组织德育活动，事前必须做好充分准备，根据学生的身心特点和活动的目的要求，认真设计和策划，做到富有创意、推陈出新，能让学生乐于参与、主动参与。

3.3.5 注重活动的自主性

德育的关键是实践和体验。只有学生参与实践和体验，才有感触和效果。因此，开展每一项德育活动，必须强调在教师的指导下学生自主策划、自主参与、自主管理。

3.3.6 着力活动的校本性

我们开展的所有德育活动的内容、形式、次数皆要从学校实际出发，充分挖掘学校各方面的教育资源，使之校本化、特色化。

4. 对培育核心价值观的思考

中共中央办公厅在《关于培育和践行社会主义核心价值观的意见》中明确指出，培育和践行社会主义核心价值观，要"从小抓起，从学校抓起，从教育教学过程抓起"。道德与法治课培育核心价值观存在的问题有哪些呢？

4.1 思想品德课程对核心价值观仅做简单介绍

人教版思想品德教材在九年级第八课"投身于精神文明建设"中增加了社会主义核心价值观的相关内容。正文是："社会主义核心价值体系是兴国之魂，是社会主义意识形态的本质要求。"在辅助文里链接：社会主义核心价值体系——马克思主义指导思想、中国特色社会主义共同理想、以爱国主义为核心的民族精神、以改革创新为核心的时代精神和社会主义荣辱观。社会主义核心价值观——倡导富强、民主、文明、和谐，倡导自由、平等、公正、法治，倡导爱国、敬业、诚信、友善。

显然，由于原来内容和版面的结构所限，教材对"社会主义核心价值观"的内容只能做比较简单的介绍。这在一定程度上影响了学生的理解，这就要求教师对社会主义核心价值观做进一步的解读，才有利于学生进一步认识理解。

4.2 核心价值观的内容分散于思想品德课程教材中

"倡导富强、民主、文明、和谐,倡导自由、平等、公正、法治,倡导爱国、敬业、诚信、友善,积极培育和践行社会主义核心价值观。"这"三个倡导"是社会主义核心价值观的最新概括,分别从国家、社会、个人三个层面指明了我们的行为准则和价值导向。其中"富强、民主、文明、和谐"是党的基本路线内容,在九年级"认清基本国情"和"实现我们的共同理想"的教学中都有体现。"自由、平等、公正、法治"主要是法律方面的内容,在八年级下册"权利义务伴我行""我们崇尚公平和正义"的教学内容中有体现。"爱国、敬业、诚信、友善"是公民基本道德规范要求,在八年级上册"交往艺术新思维"和九年级"投身于精神文明建设"的教学内容中有体现。

社会主义核心价值观的内容分散在八年级、九年级的相关课程教学内容中,不够系统完善。

4.3 初中学生价值观的失衡、多元与迷茫

4.3.1 自我价值与社会价值失衡

人的价值分为自我价值和社会价值两个方面。自我价值是指在社会实践中社会和他人对个人价值的肯定;社会价值是指个人通过自身实践活动满足社会或他人的需要所做的贡献和承担的责任。自我价值和社会价值是密不可分、相辅相成的,自我价值的实现以社会价值为基础,社会价值是无数个人追求自我价值的结果。

江苏科技大学朱金老师的课题组对初中学生进行了"读书为了什么"和"生活的目的"两项调查,调查结果显示:"读书为了什么",七年级、八年级、九年级分别有42.1%,47.9%,52.8%的学生选择"个人的发展",而只有21.2%,22.3%,19.3%选择"为祖国和社会做贡献";"生活的目的",选择

"实现自己的理想"这一答案的初中三个年级的比例分别达到47%,50%,59%,而选择"报效祖国、奉献社会"这一答案的只有18.7%,18.5%,17.4%。由此看来,当下初中学生把自我价值的实现放在社会价值的实现之上,更重视自我价值的实现,而忽视作为基础的社会价值的存在。并且,随着年龄的增长,自我价值的追求越来越强烈,而越来越忽视个人对他人和社会的贡献和责任,从而导致自我价值与社会价值失衡。

4.3.2 价值观的多元与迷茫

目前,我国正处于社会转型期,旧时期的信仰已经过去,传统的道德价值体系无法适应社会的快速发展,而新的道德体系又有一定的滞后性。所以,整个社会的道德体系都处在多元迷茫的状态下。初中学生的价值观正处于初步生长形成期,在社会多元和信息时代的背景下,青少年的价值观也必然呈现出多元化迷茫的倾向。

朱老师进行的"你喜欢的生活方式"调查印证了上述观点。大多数初中生进行了多向选择,有38%的学生既选择了"充满挑战和刺激的生活",又选择了"平淡而有品位的生活";有42%的学生既选择了"休闲舒适的小康生活",又选择了"富有激情和梦想的生活"。有21%的学生则是徘徊在理想与现实的矛盾之中。这种价值观的多元取向、不稳定性,反映了当下初中学生的迷茫状态。

培育和践行核心价值观是一个多维度的系统工程。

4.4 对 策

4.4.1 集中与分散相结合

根据思想品德课程教材教学核心价值观的内容相对集中又分散的特点,要重视集中与分散相结合的办法。集中,是指集中起来全面学习,如在九年级第八课"投身于精神文明建设"中比较系统地学习核心价值观的内容。分散,是指分开来学习,是依据教学内容把核心价值观的内容分散学习,如八年级下册第十课"诚信做人到永远"等就是分散学习。

4.4.2 课堂与活动相结合

学校德育活动是青少年世界观、人生观和价值观形成的主阵地,道德与法治课则是主渠道。要把道德与法治课堂与学校德育活动密切相结合,就要做到整体谋划,把道德与法治课堂教学拓展到学校的德育活动之中,使学校德育活动成为道德与法治课的践行基地。如"爱国"是核心价值观的重要内容之一,教师不但要在道德与法治课上引导学生学深学透,还要将其延伸到学校的升旗活动中,让学生具体践行,学习出列、敬礼、唱国歌、注目礼、听说致辞,在升旗环境中培养爱国的情怀和自豪感。又如"友善",道德与法治课讲到与人交往的艺术的,倡导做人要与人为善。学生是否能学得入心入脑,并践行呢?未必。如果学校能结合道德与法治课教学,开展"与人为善"德育演讲活动,通过德育演讲的活动推进,有利于培养学生的"善"言"善"行,有利于促进校园中与人为善和谐氛围的形成。

4.4.3 理论与实际相结合

理论只有联系实际才有生命力和说服力。"三倡导"核心价值观要被初中学生入心入脑并不是一件容易的事。这是因为,首先,"三倡导"核心价值观的内容比较抽象。其次,初中学生的社会生活经验少,不容易理解它。为此,"三倡导"核心价值观的理论必须浅显化和具体化,必须与学生的实际生活相结合。例如,"倡导富强、民主、文明、和谐"是国家层面的价值取向,实际上就是我们国家的目标追求,就是把我国建设成为富强民主文明和谐的社会主义现代化国家。按习近平主席的话,它就是实现中国梦,就是国家富强,人民当家做主,生态文明,社会和谐。这样理论联系实际,才能让学生接受并理解核心价值观。

4.4.4 正例与反例相结合

理论联系实际,有时要举例说明。事例可分正面事例和反面事例。用事实说话,理在事例中,不辨自明。正面事例,给人启示,是榜样,是社会的正能量。反面事例,给人警示,是教训,是应该反思的地方。正面事例与反面事例相结合,使学生既看到阳光又看到黑暗,有利于学生用全面的观点看问题。例如"我们崇尚公平正义"中高考作弊是反面事例;易地高考是正面事例,两例一正一反,共同说明了我们需要弘扬公平正义。

5. 这样鼓励和引导学生关爱社会

晚修下课，班上的学生余丽丽（化名）走进办公室。她对我说："彭老师，我有件烦恼事想求您帮助。""好啊，"我应道"什么事？"学生向我娓娓道来。

原来，开学时讲授"承担对社会的责任"一课中我特别强调，"作为公民，在做好自己本职工作的同时，要胸怀天下，承担起关爱社会的责任，共同营造'我为人人，人人为我'的社会氛围，我们学生也不例外。"我说"我们生活的社会应该是一个互帮互助的社会，更应该是一个人人相互关爱的社会。"谁知余丽丽是个热心肠的人，讲课的内容催化了她的爱心行动。她小学时的一位老师现在正在支教，前不久给了她一封信，说他所支教的学校有困难的学生很多。余丽丽正犹豫不决，学习完"承担对社会的责任"一课后，立即汇去100元。她觉得自己的力量有限，于是向其他同学做宣传，很快得到了其他同学的响应。同学们商议，每人每月从零花钱中捐出3元或5元。可过了一段时间，同学们就不大乐意捐献了。她觉得同学言而无信，没有尽到关爱社会的责任，结果招来了同学的埋怨和误解，所以甚是苦恼，特向我诉说。

我认真听着，不由得对她肃然起敬。我称赞道："你的爱心行动是高尚的，我很感动！"至于同学的埋怨和误解，我这样开导她："书上说，做一件事，就意味着我们承担责任，就会感受到责任那沉甸甸的分量，不会像以前那么轻松。承担责任不一定就有回报，但肯定要付出时间、精力和金钱，甚至还会被人埋怨和误解。"我对余丽丽说："你还应该感谢同学，他们已经跟着你开展爱心行动了。当然你不能对同学的要求过高。他们能捐多少和坚持多久，不要太计较，重要的有这份好心，来共同营造'我为人人，人人为我'的社会氛围。"余丽丽听了我的这番话，会心地笑了。

第二天上课，我拿出身上的50元交给余丽丽，对同学们说："我也参加大家的爱心行动。"同学们给我以热烈的掌声。我说："这掌声应该给大家，因为大家已经在老师之前行动了。这掌声更应该给余丽丽，因为是她让我们有了表达爱心的机会。"话音刚落，同学们又报以更热烈的掌声。我想，老师的肯定体现的是一种态度，其作用是积极的，其意义是深远的。果然，余丽丽的爱心行动得到了更多同学的响应。由此看来，如果能得到老师的鼓励、理解和支持，学生的爱心就会如"星星之火，可以燎原"。

6. 珍爱我们的生命

在教学的情景中,教师要引导学生结合自己所学的知识和生活实践,去体验、去思考、去发现、去理解、去领悟,从而认识和形成相应的正确的生命价值观、人生观和世界观,学会一些常用的求生、救生(自救、求救、救人)方法,知道一些常用的应急电话,懂得要提升生命的价值应从点点滴滴的小事做起,从现在做起。

6.1 永不放弃生的希望

师:不同的人生,有不同的色彩,有的绚丽,有的平凡。绚丽让我们品味绽放的热烈,平凡让我们品味朝阳与落日的从容。不管是绚丽还是平凡,生命属于我们每一个人的只有一次。所以,我们要珍爱生命。从法律保护角度来看,国家制定了相关的法律,保护每一个公民的生命不受侵害。对于侵害人生命健康的违法犯罪行为,要予以严厉的法律制裁。从个人保护角度来看,我们应该怎样做呢?请听一个伐木工人的故事,希望大家从中有所启发和感悟(多媒体:声音与文字同步出现)。

巴尼·罗伯格是美国缅因州的一个伐木工人。一天早晨他照常去森林里伐木,就在他用电锯将一棵粗大的松树锯倒时,树干反弹回来重重地压在他的右腿上。剧烈的疼痛使他觉得眼前一片漆黑。他努力地保持着清醒,并试图把腿抽回来,可树太重了,腿抽不回来。于是,他拿起身边的斧子,狠狠地朝树干砍去,砍了三四下后,斧柄断了。他又拿起电锯开始锯树,但他很快发现一个很糟糕的情况：倒下的松树呈45度角，巨大的压力随时会把锯条卡住，如果电锯出了故障，这里又人迹罕至，时间一长，他就只能束手待毙了。左思右想，别无他路。他狠了狠心，拿起电锯，对准自己的右腿，自行截肢……

伐木工人把腿简单包扎了一下，决定爬回去。一路上，他忍着剧痛，一寸一寸地爬，一次次地昏迷过去，又一次次地苏醒过来，心中只有一个念头：一定要活着回去！

师：为什么说时间一长，他就只能束手待毙了？

生：倒下的松树呈现45度角，巨大的压力随时会把锯条卡住，可见，锯树自救已经是不可能了。这里又人迹罕至，可见，被他人救也几乎不可能了。因此说，时间一长，自己的力气没了，就只能束手待毙了。

师：伐木工人巴尼·罗伯格左思右想，别无他路。唯一求生的出路——

生：自行截肢。

师：伐木工人遇到如此艰难的抉择，能果断地选择了自行截肢这唯一求生的出路。可见，他是一个多么理智的人。截肢后，他把腿简单包扎一下，决定爬回去。一路上，他忍着剧痛，一寸一寸地爬，一次次地昏迷过去，又一次次地苏醒过来。是什么念头支撑着伐木工人这样做？

生："一定要活着回去！"

师：对。"一定要活着回去！"这是伐木工人从内心深处发出来的珍爱生命——永不放弃生的希望的强音。正是有着这可贵的珍爱生命的强音，伐木工人才能果断地自行截肢，能忍着剧痛决定爬回去。从中，我们可以得出什么结论？

生1：珍爱生命的人，无论何时何地，无论遇到多大挫折，都不会轻易放弃生的希望。

生2：推人及己，我们要珍爱自己的生命，永不放弃生的希望。

6.2 求生的知识和本领

师：我赞成两位同学的意见。但是在现实生活中，仅仅有珍爱自己的生命的意识是不够的，我们还要学会一些珍爱生命的求生知识和本领。下面模拟三个情景，请同学们设身处地地思考求生的方式方法。

6.2.1　情景：遇火灾

小芳家住在六楼，一天晚上，邻居家的厨房突然起火。火势迅猛，很快烧着了楼道里堆放的东西。小芳应该怎样做？

生1：报警——拨打119。

生2：喷水——控制火势，不让火势向自己家蔓延。

生3：逃跑——如果火势过大，难以控制，就用湿毛巾堵住鼻孔并匍匐地向下爬行。

6.2.2　情景：遇歹徒

下晚自习后，你突然在黑黑的巷子里遇到了一个歹徒……

生1：作为未成年人，我们只能斗智不能斗勇，记住歹徒的相貌，见机拨打110。

生2：如果他要钱，我就给钱，过后再报警。

生3：我绝不单独一个人在黑黑的巷子里走，所以这样的事不会发生。（学生笑。）

6.2.3　情景：遇煤气泄漏

突然家中煤气泄漏……

生：关掉阀门，打开门窗通风，不要打电话……

师：大家各抒己见，方法多多。我想，无论遇到什么样的紧急情况，我们首先要沉着冷静，不要慌张。其次，要勇敢面对，采取的方法要在保护自己的前提下讲究科学、讲究技巧。同学们，必备的求生知识是我们在紧急情况下保护生命所必需的。请你们记住三个电话（CAI）：消防119、急救120、报警110。

6.3　肯定生命，尊重生命

师：同学们，珍惜生命，学会求生，这是对自己、对父母、对亲人、对社会负责任的表现。伐木工人巴尼·罗伯格正是这样一位令人肃然起敬的负责任的人。后来，他不能再干伐木活了。据说，他成为了一名出色的油漆匠，把美丽和欢乐带给人家。想不想再听听关于他的故事？（学生们：想。）（多媒体：声音与文字同步出现）。

有一位名叫比尔的人，在一次意外事故中眼睛受了伤，视力不断下降，几个月后将完全失明。妻子为了给他在能见到光明的日子留下点什么，决定把家具和墙壁粉刷一遍，请来了油漆匠：巴尼·罗伯格。

巴尼·罗伯格工作很认真。他虽然断了半只腿，但他很快乐，一边干活一边吹着口哨。一个星期后他完成了粉刷工作，期间也知道了比尔的情况。

比尔对巴尼·罗伯格说："你天天那么开心，也让我感到高兴。"算工钱时，巴尼·罗伯格少算了100美元。

比尔不解："你少算了工钱。"

巴尼·罗伯格说："我已经多拿了，一个即将失明的人还这么平静，你让我知道了什么叫勇气。"

比尔却坚持要再给油漆匠100美元，他说："我知道了残疾人也可以自食其力，活得很快乐。"

巴尼·罗伯格就是一个这样的人，他自己快乐着，也让别人一起快乐着。

师：听完故事，从油漆匠身上，我们可以看到生命的价值。大家想想生命的价值可以体现在哪里？

生：体现在为他人带来欢乐、为他人减轻痛苦、为家乡和社会做出贡献。

师：从油漆匠身上，我们还可以看到每一个人对国家、社会和他人都有价值。所以，我们要肯定生命，尊重生命。只是肯定自己的生命，尊重自己的生命吗？还有呢？

生1：不是。在肯定自己的价值、珍爱自己生命的同时，也要尊重他人的生命。

生2：在肯定、尊重、悦纳、珍爱自己生命的同时，也应同样善待他人的生命。

6.4 延伸生命的价值

师：这是我们"肯定生命，尊重生命"应有的态度。同学们，不同的人生，有不同的色彩，有的绚丽，有的平凡。那么，什么样的生命最有价值呢？怎样才能使生命价值得以提升呢？每个人都有自己的思考。下面是来自中学生的箴言，请你也加进来写出自己的生命箴言（CAI 如图 7-1）。

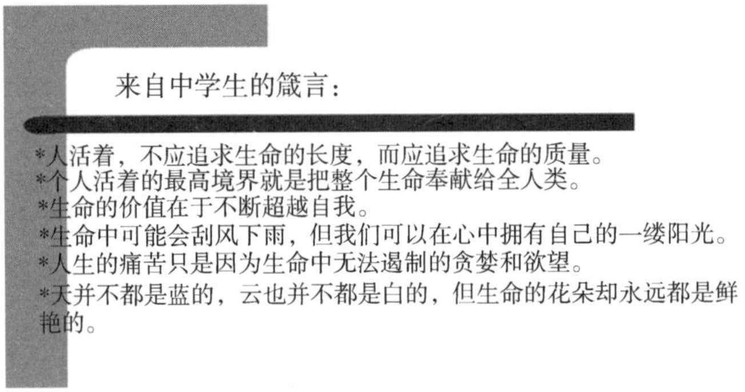

来自中学生的箴言：
*人活着，不应追求生命的长度，而应追求生命的质量。
*个人活着的最高境界就是把整个生命奉献给全人类。
*生命的价值在于不断超越自我。
*生命中可能会刮风下雨，但我们可以在心中拥有自己的一缕阳光。
*人生的痛苦只是因为生命中无法遏制的贪婪和欲望。
*天并不都是蓝的，云也并不都是白的，但生命的花朵却永远都是鲜艳的。

图 7-1

我的箴言是：_____
_____。

（过程略）

师：生命的意义不在于长短，而在于内涵。许多人虽然生命已经结束，但他们为社会所做的贡献却让后人受益无穷，就这样，他们的生命价值得以延伸。更有很多为社会做出突出贡献的人们，一直受到后人的崇敬与追念，他们虽死犹生，其生命价值获得更大的提升、更充分的体现。如丛飞虽然只活了 37 岁，但是他十多年来，怀着赤子之心和关爱情怀，致力于社会公益事业，为社会义务演出 300 多场，无私资助贵州、四川等省贫困山区的贫困失学儿童和残疾儿童达 178 人，捐资助学金额累计超过 300 万元。他为我们留下了弥足珍贵的精神财富——"丛飞精神"：热爱祖国、热爱人民的赤子情怀；关爱他人、奉献社会的价值追求；乐善好施、扶危济困的高尚品德；甘于清贫、艰苦奋斗的崇高品格。

最后，我希望大家向巴尼·罗伯格学习，珍爱生命，自强不息；向丛飞学习，实现人生的意义，追求生命的最大价值。

　　同学们：我们要脚踏实地，从现在做起，从一点一滴的小事做起，为他人带来欢乐、为他人减轻痛苦、为家乡和社会做出贡献。

（本文发表于《思想政治课教学》2006年第10期）

7. 让生命之花绽放

7.1 引　入

刘伟——2011年年度感动中国人物之一。10岁时因事故而被截去双臂，19岁学习用脚弹钢琴，23岁登上维也纳金色大厅舞台。感动中国组委会授予刘伟的颁奖辞：他用双脚在琴键上写下：相信自己。那一段段轻盈的旋律，正是他努力飞翔的轨迹。当钢琴曲《梦中的婚礼》从他脚下弹奏出来，全场为之动容。他说："我的人生只有两条路，要么赶紧死，要么精彩地活着。"

7.2 设　疑

师：刘伟能选择"赶紧死"这条路吗？为什么？

生1：不能。因为属于我们每个人的生命只有一次。

生2：不能。因为生命是最宝贵的。

生3：不能。因为选择死，会给他的家庭带来更大的痛苦，他的爸爸妈妈会很伤心的。

师：是啊，人死了不能复活，不爱惜生命，会对亲人和社会造成伤害。所以，刘伟不能选择赶紧死。这说明，我们要善待生命。那么，应该如何善待生命呢？请大家看看书，想想你要选什么关键词来说明？

生4：我选择"肯定"这个关键词。要肯定生命。（师：怎么理解？）因为每个人的生命都是有价值的。当我们发现自己能为他人带来欢乐、为他人减轻痛苦、为家乡和社会做出贡献时，就更能体会生命的价值。（师：比如？）如刘伟为大家演奏，给大家带来了快乐，并且让我们很感动。这多有价值！（学生们笑并鼓掌。）

生5：我选择"尊重"。要尊重生命，也就是要尊敬和重视。（学生笑，因为回答得很简单。）

师：话虽然简单，但确实如此。每个人对国家、社会和他人都有价值。在肯定自己的价值的同时，我们也应该肯定他人的价值、尊重他人的生命。

生6：我选择"悦纳"，就是要愉快地接纳的意思。我们要愉快地接纳生命。

师：简单说就是悦纳生命。在生活中，有些人做不到，觉得自己个子小啊、牙齿黑啊什么的，埋怨自己不如别人。如果是这样的：我很丑，但我很温柔！（学生笑。）我觉得这个人就能做到悦纳生命。世界上没有十全十美的生命，所以需要我们悦纳生命。

生7：我选择"珍爱"。由于生命很宝贵，所以要珍爱生命，要永不放弃生的希望。

7.3 探究

师：说得好。刘伟没有选择"赶紧死"，而是选择"精彩地活着"。刘伟的人生到底有什么遭遇？请看——

1987年，刘伟出生在北京一个普通的工人家庭，10岁时，因意外触到高压电，失去双臂。面对命运的残忍，刘伟在他妈妈的教导下，选择了坚强。开始了艰难地练脚"功"，用脚夹着笔写字、用脚夹着勺吃饭……12岁时，他决定学习游泳，并进了北京市残疾游泳队。19岁时，就在他努力备战北京残奥会时，高强度的体能消耗导致他免疫力下降，患上了过敏性紫癜，必须放弃训练，否则将危及生命。何去何从？刘伟做出让全家人都强烈反对的决定——学音乐、弹钢琴。最后，又是在妈妈的支持下，经过艰苦的磨炼自学，慢慢摸索出一些要领。刘伟说："当时很多人嘲笑我的想法，觉得用脚弹不可能。但我从来不考虑难不难的问题，那是在别人眼里的，而不是在我心里。我不会说因为难我就不干了，'难'这个字对我来说没有太大意义。"是坚持让刘伟的梦想成真，是坚持让刘伟创造了生命的奇迹。

师：刘伟演奏美妙的琴音，让我们震撼；刘伟面对人生的遭遇的态度，让我们感动！从中我们得到什么启示？

生8：人生要不畏困难。这使我想起一句话，困难像弹簧，你强它就弱，你弱它就强。

生9：人生要有梦想，人生要有追求。

生10：坚持能使梦想成真，坚持能创造奇迹。

师：说得好。此时，我想到，有人说，人活得越长寿，其生命价值就越大。请大家来辩一辩？

生11：不一定。因为，生命的价值不在于长短，而在于对社会的贡献。如果这个人对社会没有做出贡献，反而做出危害社会安全的事，其生命就没有什么价值了。

师：是的。正如《史记》的作者司马迁所说：人固有一死，或重于泰山，或轻于鸿毛。（此名言，学生很熟，老师一出口，学生就跟着背诵。）请根据"生命的价值不在于长短，而在于对社会的贡献"道理，评价刘伟所做是否有意义？

生11：有。生命的意义在于对社会的贡献。刘伟作为残疾人，通过自己努力成为无臂的钢琴师，为别人带来欢乐，对社会做出了贡献。

生12：有。刘伟所做的意义更大的是可以作为我们学习的榜样，对我们有巨大的鼓舞作用。

师：两位同学都说得很好。钢琴本来是为双手设计的，但并没有规定弹钢琴一定要用手，刘伟用双脚弹钢琴，创造了生命奇迹，提升了他的生命价值，可以说他真的做到了"精彩地活着"，他活得有意义。

7.4 践 行

师：刘伟的"精彩地活着"很值得我们学习。我们要追求生命的价值，过有意义的人生。那么,你打算怎样"精彩地活着"呢?请大家在小组内讨论,然后在班上交流。

生13:我要勤奋学习。我的基础不是很好,必须比别人加倍努力才有可能提高成绩。我现在需要养成自主学习的习惯,科学安排学习时间,课前认真预习,上课专心听讲,课后及时复习。

生14:我也要用功学好钢琴。同刘伟相比,我太懒了。每天练琴,我总是应付完成任务,弹得不熟。从现在开始,我一定认真弹。

生15:我要练好写字。我的字写得不好。从现在开始,每天晚上,我都抽出半个小时来练习,希望同学们对我进行监督。

生16:我的普通话说得不标准。我要加强普通话朗读。平时,多查字典,多读,争取用一年时间就能流利地说普通话。

……

师:同刘伟相比,我们都有健全的双手。我相信,从现在做起,从一点一滴的小事做起,只要我们能坚持,梦想就能实现。我们的生命之花就一定会精彩绽放。(《隐形的翅膀》歌曲)

每一次/都在徘徊孤单中坚强。每一次/就算很受伤也不闪泪光。
我知道/我一直有双隐形的翅膀。带我飞,飞过绝望。
不去想/他们拥有美丽的太阳。我看见/每天的夕阳也会有变化。
我知道/我一直有双隐形的翅膀。带我飞/给我希望。
我终于/看到/所有梦想都开花。追逐的年轻/歌声多嘹亮。
我终于/翱翔/用心凝望不害怕。哪里会有风/就飞多远吧。
不去想/他们拥有美丽的太阳。我看见/每天的夕阳也会有变化。
我知道/我一直有双隐形的翅膀。带我飞/给我希望。
我终于/看到/所有梦想都开花。追逐的年轻/歌声多嘹亮。
我终于/翱翔/用心凝望不害怕。哪里会有风/就飞多远吧。
隐形的翅膀/让梦恒久比天长。留一个愿望/让自己想象。

8. 走向共同富裕的道路

8.1 引　入

师：之前我们学习了我国社会主义初级阶段的一项基本经济制度，请简要说说它的内容并用一句话进行评价。

生：公有制为主体、多种所有制经济共同发展，是我国社会主义初级阶段的一项基本经济制度。这是一项充满生机和活力的经济制度。

师：内容表述准确，评价也很好。我们还可以这样评价：这是造福人民的经济制度。与这种经济制度相适应的分配制度是什么呢？下面我们学习"走向共同富裕的道路"。

8.2 小调查

师：同学们，请拿出调查表（课前印发给学生，要求学生回家调查，表格如7-1），说说自己调查的结果。

表7-1 调查自己家里经济收入来源

我家收入的主要来自	另外还通过以下方式获得合法收入
	1. 把钱存进银行获取利息（　　） 2. 购买国债增值（　　） 3. 炒股票（　　） 4. 彩票（　　） 5. 其他：_____（　　）

（学生拿出调查表，然后举手）

生1：我家的收入主要来自于爸妈的工资；另外爸爸还炒股票。

生2：我家的收入主要来自于房租和工资；另外是村里的分红。

生3：我家的收入主要来自于爸爸开办的工厂；另外的比较多。

生4：我家的收入主要来自于商业；另外的也比较多。

师：可见，同学们的家庭获得收入的方式不尽相同，如，有劳动的工资、有资本的投资、有物业、有分红等。我再着重说说分红问题，有按资本分红，也有按技术、管理等的分红，总之，从收入分配的角度说，现在确立了劳动、资本、技术和管理等生产要素按贡献参与分配原则。从这分配原则里，可以看出我国现阶段分配制度是怎样的？

生：按劳分配为主体、多种分配方式并存的分配制度。

师：大家说说这种分配制度跟我国怎样的经济制度是相适应的？

生：与公有制为主体、多种所有制经济共同发展的经济制度相适应。

师：是的。我国"公有制为主体、多种所有制经济共同发展的经济制度"决定了"按劳分配为主体、多种分配方式并存的分配制度"。

8.3　看倡议　提建议

师：在分配中，既要提倡奉献精神，又要落实分配政策；既要反对平均主义，又要防止收入差距悬殊。怎么办呢？请看材料并思考（CAI：文字与声音同步）。

几位民营企业家提出以扶贫开发为主题的倡议，号召先富起来的民营企业界人士以互惠互利为原则,帮助"老、少、边、穷"地区培训人才、兴办项目、开发资源;为缩小地方差距、促进共同富裕,动一份真情,献一份爱心,做一份贡献。

(1) 你是如何看待这一倡议的?

(2) 请你就如何缩小地区差距提出自己的建议。

师:你是如何看待这一倡议的?

生1:这一倡议体现了共同富裕的原则。

生2:是先富带后富,共奔富裕路的举措。

师:这一倡议直奔我们这节课的主题——共同富裕。大家对共同富裕有什么认识?

生:共同富裕是社会主义的根本原则,但实现共同富裕是一个过程。

师:"共同富裕是社会主义的根本原则"不好理解,请用邓小平的话来帮助理解。

生:邓小平说:"社会主义最大的优势是共同富裕,这是体现社会主义本质的一个东西。"

师:可以这么说,我国是社会主义国家,就要引导全国人民走向共同富裕的道路。但实现共同富裕是一个过程,为什么呢?

生:因为只有鼓励一部分人、一部分地区通过诚实劳动和合法经营先富起来,形成示范效应,并通过先富带动和帮助后者,才能逐步实现共同富裕。

师:为了实现共同富裕的理想,材料中的几位民营企业家开始了行动。我们也应该行动起来。下面请你就如何缩小地区差距提出自己的建议。

生:政府加大教育资金的投入,让"老、少、边、穷"地方的孩子多读书。

师:这与共同富裕有什么关系?

生:"知识改变命运,勤奋创造奇迹。"读书可以治愚,亦可以治穷。

师:有道理。还有什么好建议?

生:政府给予"老、少、边、穷"地方更多的优惠政策。

生:鼓励先富者到"老、少、边、穷"地方再创业。

……

师:我想,同学们有这么多这么好的建议,对推动共同富裕是有帮助的。

8.4 让创造财富的源泉涌流

师：我国确立了"科教兴国发展战略"。同学们，在我们社会，从国家领导人到普通老百姓，尊重劳动、尊重知识、尊重人才、尊重创造蔚然成风。在这样的社会环境下，一切劳动、知识、技术、管理和资本的活力竞相迸发，一切创造社会财富的源泉也将充分涌流。小严搞发明创市场就是一个例子，请看（如图 7-2）——

小严喜欢搞些小发明。他注意到街道上的口香糖由于黏性太强而很难清扫干净，便潜心钻研，发明了一种清扫口香糖的机器，并很快申请了专利。他想自己开办一家公司，把专利向市场转化，但苦于没有足够的资金。后来，他了解到国家对个体创业所提供的相关优惠政策后，便积极与银行联系，获得了低息贷款，不久公司便顺利开业了。

图 7-2

（1）社会为小严创业创造了哪些有利条件？
（2）小严创业的过程中体现了怎样的素质？

师：社会为小严创业创造了哪些有利条件？

生1：社会上有尊重知识、尊重人才、尊重创造的氛围；

生2：知识产权的保护、低息贷款等。

师：知识产权的保护、低息贷款等这些措施，可以说是将知识转化为财富的良好机制。正是尊重创造的氛围和将知识转化为财富的良好机制为小严创业创造了有利的条件。小严创业的过程中体现了怎样的素质？

生1：小严以清扫口香糖为钻研对象，说明他善于根据社会需要来选择自己研究方向。

生2：小严具有非常突出的创造才能。

生3：小严善于利用有利的创业条件，如申请专利、低息贷款创办公司等。

师：根据小严的成功创业，我们从中可以得到什么启示？

生：作为个人，我们应该抓住有利条件，发挥自身才能，积极进取，努力创业，实现自我价值，为国家的经济发展做出贡献。

师：那么，现在，我们首先应该做些什么？

生：好好学习，为创业打下基础。

师：好！我很高兴，因为在共同富裕的道路上，不久的将来大家都会成为创造财富的主力军。但愿到那时，同学们切记——先富带后富，共奔富裕路！

9. 唱响"中国梦" 汇聚正能量

复习冲刺，教学犹如炒冷饭，往往，学生学得无趣，教师教得乏味。如何让复习教学灵动起来？真是颇费思量。机缘巧合，我在听陈思思唱"中国梦"的时候，产生了灵感，决定尝试另类的课堂，把复习当作一次"音乐"课来上。

9.1 倾听梦想

打开陈思思《中国梦》的 MTV，陈思思深情歌唱：

"你在倾听，我在倾听，一个声音在历史穿行。你在追寻，我在追寻，一个夙愿让民族振奋。这就是你的梦，这就是我的梦，这就是我们的中国梦。中国梦啊，文明梦，中国梦啊，和谐梦。中国梦啊，文明梦。中国梦啊，和谐梦。沿着梦的方向，触摸幸福，我们走向新的征程。你在倾听，我在倾听，一个声音在历史穿行。你在追寻，我在追寻，一个夙愿让民族振奋，这就是你的梦，这就是我的梦，这就是我们的中国梦。中国梦啊，强国梦。中国梦啊，富民梦。中国梦啊，强国梦，中国梦啊，富民梦。跟着梦的引领，脚踏实地，我们走向伟大复兴。"

《中国梦》的歌词，强调了思想和情感的审美力量，讴歌中不失抒情，创意新颖，弘扬社会正能量，如"中国梦啊文明梦，中国梦啊和谐梦""沿着梦的方向触摸幸福"等词句，正是中华民族永恒不变的主旋律，也是民族心声的集体表达。

《中国梦》的歌曲，开头乐曲即以昂扬的国歌和历史的叙事铺垫推进，曲调慷慨激昂，饱含深情，为梦想鼓掌，为梦想加油。歌曲在教室里回荡，学生在歌声中穿行,静静地倾听,情绪随着歌声振奋,思绪随着歌声在追寻,在触摸……

师:"你在倾听,我在倾听,一个声音在历史穿行。"这个声音是什么?

生:是中国梦。

师:是谁的声音?

生:是总书记习近平的声音。

师生在互动的对话中,视频引出了习总书记最近畅谈"中国梦"的三则材料。

材料一:2012年11月29日,中央政治局七位常委集体到国家博物馆"复兴之路"展览现场参观。总书记习近平说:"大家都在讨论中国梦,我以为,实现中华民族伟大复兴,就是中华民族近代以来最伟大的梦想。中华民族伟大复兴的梦想一定能实现。"

材料二:习总书记还向全党提出三个"必须牢记",强调"空谈误国,实干兴邦"。"回首过去,全党同志必须牢记,落后就要挨打,发展才能自强。审视现在,全党同志必须牢记,道路决定命运,找到一条正确的道路多么不容易,我们必须坚定不移走下去。展望未来,全党同志必须牢记,要把蓝图变为现实,还有很长的路要走,需要我们付出长期艰苦的努力。"

材料三:2013年3月17日,第十二届全国人民代表大会第一次会议在人民大会堂举行闭幕会,中华人民共和国主席习近平在会上发表重要讲话。习近平强调,中国梦是民族的梦,也是每个中国人的梦。生活在我们伟大祖国和伟大时代的中国人民,共同享有人生出彩的机会,共同享有梦想成真的机会,共同享有同祖国和时代一起成长与进步的机会。

师:这些时政材料,正是歌曲中"一个声音在历史穿行"的注释。习近平同志从当选总书记到当选国家主席,四个多月来,把"中国梦"告诉了人民,也告诉了世界。习总书记按照十八大的要求,开创了风清气正的新局面,凝聚了奋发有为的正能量。这些正能量融入了道德与法治课堂里。

9.2 追寻梦想

师:"中国梦啊,文明梦,中国梦啊,和谐梦。中国梦啊,强国梦,中国梦啊，富民梦。"谁能从这两句歌词里联想到我们党的基本路线中奋斗目标的内容？

生：把我国建设成为富强民主文明和谐的社会主义现代化国家。

师：是啊，这是我们党领导全国各族人民的奋斗目标，也是全国各族人民的什么理想？

生：共同理想。

师：习总书记说的"中国梦"是不是我们本课学习的"共同理想？"

生：是！

师：陈思思唱道"你在追寻，我在追寻，一个夙愿让民族振奋，"这怎么理解？

生1：这可不可以从"自强不息"来理解？（学生的反问，引起一阵笑声。）

师：你觉得呢？（老师并没在回答，让学生畅谈。）

生1：我觉得可以。自强不息是中华民族的伟大民族精神之一，使中华民族历经沧桑而不衰。民族振兴的夙愿，使我们中华民族自强不息。（掌声自发地响起来，是对精彩发言的回报。）

另一学生：我们中华民族是勤劳勇敢的民族，也是乐于艰苦创业的民族，为着共同理想的实现，中华民族努力奋斗。

师：所以，我们民族振奋！对吧。（学生很振奋的样子，在笑。）看来，同学们对我们民族很有信心。难怪习总书记说，中华民族伟大复兴的梦想一定能实现。这"一定能"的信心除了源于同学们谈的自强不息的民族精神外，还源自哪里？

教室顿时安静了下来，学生仿佛在沉思，在追寻……

（老师在PPT上提示：党的十八大报告——道路自信；理论自信；制度自信。学生从中得到启发。）

生1：我们坚持中国特色社会主义道路、中国特色社会主义理论体系、中国特色社会主义制度。

生2：我们坚持党的基本路线不动摇，坚持以经济建设为中心，坚持改革开放。

生3：我们有以习总书记为核心的党中央领导，坚持科学发展观。

师：说得好。思路打开了，观点就多了，思路决定出路啊。（学生得到肯定，又觉得老师有点幽默，又笑了起来。）陈思思还唱道"沿着梦的方向，触摸幸福。"请大家结合实际谈谈当下，我们触摸到了什么"幸福"？

生4：我父母的收入多了，我感受到了家庭的幸福。

生5：老师对我中考复习耐心指导，我感受到了老师给我的幸福。

生6：我是农民工孩子，我今年可以在东莞参加中考，并有机会入读公办高中。这是我的幸福。

师：去年8月30日，国务院办公厅转发教育部等部门《关于做好进城务工人员随迁子女接受义务教育后在当地参加升学考试的意见》的通知，这通知在我们东莞市得到了落实。这是我们非东莞市户籍学生的实在的幸福哦。（非东莞市学生自发地响起了掌声。）

情绪是可以感染的，情感是可以传递的。学生们从自己所见所闻中争着畅谈诸如收入、医疗、住房等方面的幸福感。幸福的正能量在课堂里流淌着。

9.3 实现梦想

师：习总书记说，"回首过去，全党同志必须牢记，落后就要挨打，发展才能自强。"我们国家应该怎么谋划发展？

生1：要落实科学发展观。

生2：要以经济建设为中心，大力发展生产力。

生3：要搞好政治建设，依法治国。

生4：要搞好文化建设，实施科教兴国战略。

生5：要做好社会建设，维持公平正义。

生6：搞好生态文明建设，实施可持续发展战略。

师：大家你一言我一语，谋划发展的方法一点一点地呈现出来。归纳起来，可以把"中国梦"与"中国特色社会主义建设"联系起来。如表7-2。只有落实"五位一体"，建设好中国特色社会主义，才能实现中国梦。

（老师细致分析，启发学生思考理解，学生在认真地听着。）

表 7-2

中国梦（共同理想）		富强	民主	文明	和谐（家庭、学校、社区）
中国特色社会主义（五位一体）	经济建设（升级版）	基本经济制度—党的基本路线—科学发展观			
	政治建设		人民当家做主根本政治制度—民族区域自治制度 依法治国		
	文化建设			中华文化影响 礼貌礼仪 "科教兴国"战略 核心价值体系（民族精神、时代精神）	
	社会建设				责任 权利与义务 公平正义
	生态文明		可持续发展战略 环境保护国策 节约资源国策		

师：习总书记还说，要把蓝图变为现实，还有很长的路要走，需要我们付出长期艰苦的努力。这是因为制约我们实现中国梦的因素有很多。谁能说说这些因素有哪些？

生1：国际竞争日益激烈，我国在经济、科技上与发达国家差距较大。

生2：面临着严峻的资源、人口、环境等问题。

生3：我国周边的安全形势比较严峻。

师：这么多的因素制约着我们实现中国梦。同学们，我们要增强忧患意识啊。

师：陈思思最后唱道，"跟着梦的引领，脚踏实地，我们走向伟大复兴。"那么，我们青少年今天要做出哪些努力？

生4：我们青少年要做出的努力是多方面的，主要有：①树立远大理想，把个人命运与祖国的命运有机地结合起来。②弘扬伟大的民族精神和艰苦奋斗精神，努力提高自己的思想道德素质，磨砺自己的坚强意志，立志成才。③认真学习科学文化知识，自觉履行受教育的义务，善于思考，敢于创新，提高自身的综合素质。④增加社会责任感，积极参加社会活动，维护社会公平正义。（学生一口气说了出来，让大家有点出乎意料。）

师：好！希望同学们都这样去做。听着陈思思的歌，想着习总书记的话，"生活在我们伟大祖国和伟大时代的中国人民，共同享有人生出彩的机会，共同享有梦想成真的机会，共同享有同祖国和时代一起成长与进步的机会。"这说明了什么道理？为什么要这样做？

生5：这说明了共同富裕是社会主义的根本原则，说明了公平的重要性。

生6：这是因为：①公平关系到每个人的切身利益，是维系良好合作的重要前提，是社会的稳定器。②公平，有利于为人们的发展提供平等的权利和机会，保障人们的生存和发展。③公平，有利于调动公民的积极性，共同推动社会的持续发展。④如果受到不公平对待，不利于人与人之间的和谐共处，不利于经济发展和社会的稳定。

师：是啊，把我国建设成为富强民主文明和谐的社会主义现代化国家，这是我们的共同理想，就是我们的中国梦。实现中国梦，我们要共建，我们也要同享，机会均等，社会才能稳定和谐。

此刻，教室里又响起陈思思的"中国梦"歌曲。

回想"中国梦"这节课，课堂里仿佛汇聚着"梦"的能量，一股跳动着时代脉搏的社会正能量，在欢快地流向师生的心田。在教学中，教师启发引导学生，切身感受新一届党中央领导人在认真落实"科学发展观"，在不折不扣地贯彻"党的十八大"的精神，他们执政为民、廉政为民。师生在倾听梦想、追寻梦想、实现梦想的教学环节中，将"中国梦"的歌曲与时政素材融为一体，使形式与内容相融，使过程与方法相汇，使情感态度价值观相贯通。师生的话题贴近了实际，贴近了生活。

八、学会交往实践

　　人是社会的人,很难想象,离开了社会,离开了与他人交往,一个人的生活将会怎样?学生在家里,就要与父母交往;来到学校,就要与同学、老师交往;走到社会,就要与各种各样的人的交往。作为一个现代人,要想取得事业的成功,就要学会善于与人交往、与人合作,要能组织、协调各种力量,调动各方面的智慧。

1. 宽容着 幸福着

许多老师在分数、绩效的压力下丧失了师者应有的从容和宽容。为了平均分、常规考核的名次，老师们真是费尽心思、殚精竭虑。罚抄、罚站、敲脑门成了老师的"撒手锏"，冷嘲热讽叫家长成了交流的"通行证"。看，我们教师急的样子。于是就有人说："分分分，老师的命根；考考考，老师的法宝。"但在我的身边有这样一些老师，他们不为分数、绩效背后的利益所动，他们选择从容和宽容。

这使我想到英国一位校长用宽容成就一位伟大的科学家的故事。

调皮的麦克劳德在上小学的时候，偷偷地杀死了校长家的狗，这在西方国家显然是犯了难以原谅的错误，但麦克劳德的校长"惩罚"他画出两张解剖图：狗的血液循环图和狗的骨骼结构图。这个包含宽容的"惩罚"让小麦克劳德追悔莫及并深深爱上了生物学。他最终因发现胰岛素在治疗糖尿病中的作用而走上了诺贝尔奖的领奖台。设想一下，假如校长大发雷霆或采取严厉的处罚措施，似乎也无可厚非，但这位高明的校长没有这样做，却用最大限度的包容心，理解了学生，用宽容的"惩罚"成就一位伟大的科学家。

教育是一门慢的艺术，决不能揠苗助长。因为，教师面对的是成长中的人，是不断犯错误、不断进步中的人。孩子不可能一夜成才，就像罗马不能一夜建好。教师应怀一颗宽容之心，面对学生目前的落后，用发展的眼光相信学生日后的优秀。

学生就像花园中的百花。很多花的花期不同，盛开的时间不一样，不能只给他们规定生长的时间；很多花的成长有不同的喜好，有的喜阳、有的喜阴、有的恋水、有的爱旱，不能给他们一种生存的条件；很多花的花容也差之千里，有的婉约，有的娇媚，有的朴实，有的高贵，不能只要求他们以一种姿态生活。教师是百花的园丁，应该包容百花盛开。人性多种，有容乃大。我们选择做教师，应该常常仰望夜空来寻找内心宁静的感觉。

　　有位大学教授在和毕业生聊"幸福"的时候说道，今天这个时代，相对我们过去的任何一个时候，都显得更丰富。在这样一个时代里，科技发达，物质繁盛，但是我们的心一定比过去幸福了吗？更安宁了吗？不一定。因为选择多了，大家彼此攀比，内心反而充满浮躁与不安。怎么办？我们从小就听到的一个词可以解答——"觉悟"。"觉"字下面是一个"看见"的"见"，"悟"是"心"旁一个"吾"。连起来，就是"见我心"，即发现内心真正的愿望和想法，如此，才能真正幸福安宁。

2. 我与父母交朋友

2.1 歌曲引入

师：第二课教学的内容是"我与父母交朋友"，老师用满文军的歌曲"懂你"引入课题，是希望同学们懂得父母的严也是一种爱。

2.2 诉说成长的烦恼

师：现实中，我们与父母的相处，往往只注意他们的"严"而忽略了他们的"爱"，所以亲子的关系开始疏远了，请看豆豆成长的烦恼事。

（学生看"豆豆成长的烦恼事"略。）

师：豆豆烦什么呢？

（学生回答略。）

师：大家是否也曾经历或正在经历着类似豆豆的烦恼的事，请说说——
（CAI 如图 8-1）

（学生诉说略。）

图 8-1

2.3 浅说烦恼的原因

师：这些烦恼都是我们成长过程中的烦恼，问题出在哪里呢？——先做个成长的比较吧。小时候，我们是父母听话的孩子。进入青春期后，还那么听话吗？

生：不那么听话了。

师：为什么？

（学生举手略，下同。）

生1：因为我们长大了，有了自己的思想，开始独立行事，渴望从家长那里拿到"解放证书"，渴望父母像对待大人那样对待我们，甚至挑战父母的权威。

师：哦，甚至挑战父母的权威，能举个例吗？

（学生回答略。）

师：刚才你说渴望什么？

生1：渴望从家长那里拿到"解放证书"，渴望父母像对待大人那样对待我们。

师：换句话说，是不是渴望独立、自由、平等？

生1：是。

师：父母能满足我们的渴望吗？为什么？

生2：不能。因为在父母的眼里，我们总是长不大的孩子，没有生活经验，没有丰富阅历。（CAI 如图 8-2）

师：所以父母不放心、会担心，对吧。我们有没有做过让父母担心的事？

生：有。

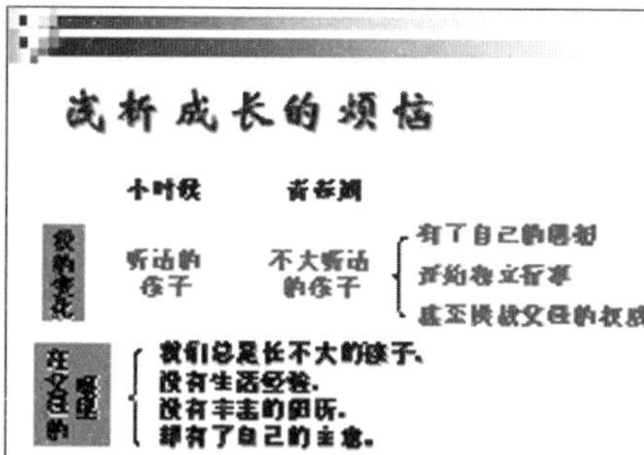

师：看来，父母对我们的担心是有一定道理的。毕竟我们还是未成年人嘛。在调查中发现，多数同学小时候把自己的父母看作"超人"，无所不能，而现在却认为父母是"烦人"，原因多是因为父母管得太严。比如说——

（学生说略。）

师：父母对你们严格要求，期望是什么？

图 8-2

（学生诉说略。）

师：父母的"高期望、严要求"与我们的"渴望独立、自由、平等"产生了矛盾。所以，我们与父母的关系疏远了，仿佛一条鸿沟出现在我们与父母两代人之间，这就是——代沟。请大家四人为一小组，比较我们与父母的差异，进一步探讨两代人产生隔阂的原因。

（学生讨论略。）

师：下面大家交流一下探讨的结果。

生1：父母是成人，是中、壮年；我们是未成年人，是青春期。

师：父母与我们在生理上的区别是显而易见的，因为他们年龄比我们大。大家不妨算一算，父母比我们大多少岁？

（学生计算略。）

师：我们与父母的年龄差距，是产生代沟的直接原因。大家继续说说其他方面的差异。

生2：心理上，父母成熟，情绪稳定；而我们心理未成熟，易情绪化等。

生3：阅历上，父母饱经风霜，社会经验丰富；而我们在读学生，社会经验不足等。

生4：行为方式上，父母冷静，谨慎，稳重，恪守规则；我们冒险，变化大，受传统影响小等。

生5：社会角色上，父母是家长，是监护人，是夫妻，是生产者，是消费者等，很多；而我们是子女，是学生，是消费者等，较少。

师：比较我们与父母的差异是有一定难度的，想不到大家做得这么好！我们应如何理解"代沟的实质是反映在年龄差异背后的多重代际差异"这句话？（如图8-3。）

比较我们与父母的差异，探讨造成两代人隔阂的原因		
	父母	我们
生理	成人，正值中、壮年	未成年人，青春期
心理	成熟，情绪稳定	未成熟，易情绪化
阅历	饱经风霜，经验丰富	社会经验不足
行为方式	冷静，稳重	冒险，变化大
社会角色	家长、夫妻等（多）	子女、学生等（少）

图8-3

生6：我们与父母的差异是多方面的，如人生经历、生活经验、社会地位不相同，对社会规范熟悉程度也不相同，因此，在生活态度、价值观念、兴趣爱好、行为方式等方面难免产生较大差异。可见，代沟的实质是反映在年龄差异背后的多重代际差异。

师：代沟导致两代人在某些问题上产生分歧，当我们不能理解父母望子成龙、望女成凤的高期待、严要求的时候，我们就体会不到父母的"严也是一种爱"。（CAI 如图8-4，媒体同时播放着潘文军的"懂你"的歌曲。）

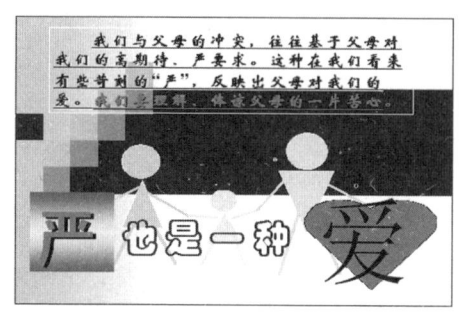

图8-4

2.4 逆反心理有危害

师：我们要理解、体谅父母的一片苦心啊。如果不理解、不体谅的话，我们对父母的思想观念、管教方法、严格要求，常常会产生反感，即产生逆反心理。请结合自己的经历说说逆反心理的具体表现？

生7：（结合略）要我这样，我偏那样；你说这个好，我非说那个好；让我相信这个，我非相信那个不可。（CAI 如图8-5）

师：结合自己的体会，谈谈在什么时候容易产生逆反心理？

生8：独立意识受到阻碍时；自主性被忽视或受到妨碍时；个性伸展受到阻碍时；我们要出点儿圈，家长制止我们时，（老师插问：能否举个例子？）如我们想与异性同学来往，结果家长加以制止时；强迫我们接受某种观点时；我们要赶新潮，家长非要我们接受老观念时等。

图8-5

师：从我们学生的角度看，产生逆反心理的心理原因有哪些？

生9：为了维护自己的良好形象和自尊；我们有时不能控制自己的情绪和行为，即自制能力弱；我们的独立意识比小时候明显增强，有了不同于家长的兴趣和追求。

师：大家想想，当我们对父母产生逆反心理时，可能会采取哪些做法？这些做法有危害吗？

生10：可能以强硬的态度顶撞、以粗暴的举止反抗，或者对父母不理不睬、冷淡相对，或者对某事的分歧转变为对父母本人的厌恶感，以极端的办法来处理，会造成极大的危害，如离家出走甚至做出越轨行为、伤害父母。

师：从行为结果看，可能有什么危害？

生11：在多数情况下，逆反心理导致对父母的反抗，其结果都是惩罚了自己，不是拿自己的错误惩罚自己，就是拿父母的错误惩罚自己。这种结果也是对父母的一种伤害，不是拿自己的错误伤害父母，就是拿父母的错误伤害父母。（CAI 如图8－6）

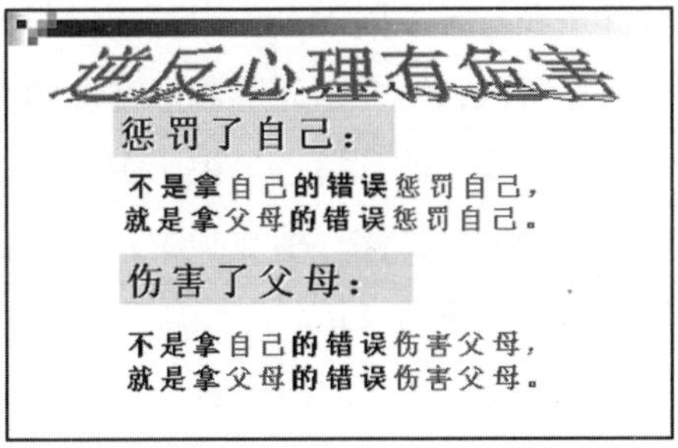

师：逆反心理有危害是显而易见的，我们应该尽量避免。但是对于逆反心理和逆反行为，要具体分析，不能完全说是错误的，有的反抗不无道理。你同意这种看法吗？为什么？

生12：有的逆反心理是正确的，反抗是有道理的。因为我们的父母不是圣人，他们的观念有时滞后，在家庭教育方面，他们也难免有误区。比如，周六、周日还安排满满的补课，我们没有适当的休息，补习的效果是不好的，如果我们加以反对，平等地与父母说理，保证自己认真学习，就会改变父母的做法。

图 8－6

师：看来对于逆反心理和逆反行为，要具体分析，要一分为二来看待。但是不管怎样，我们与父母的冲突，往往基于父母对我们的高期待、严要求。所以，要理解、体谅父母的一片苦心，理解父母的严也是一种爱！这对克服逆反心理最为重要。现在，让我们一起来做个体验：请伸出双手轻轻按在肚脐上，闭上眼睛，心想——这是父母与我生命连接的地方，没有父母哪有我的生命。此时此刻，同学们了解了烦恼的缘由，心中一定会有许多话想对父母说，最后，请同学把自己最想对父母说的话写出来。

3. 发展真挚的友谊

现在的初中学生绝大多数是独生子女，他们在家里是太阳、是小皇帝，是以我为中心的一代。进入中学后，随着身心的发展，他们特别渴望友情，但是他们不善于交往，更不善于发展真挚的友情，于是就有了许多成长的烦恼。有的学生在与异性同学交往中还不懂得以恰当的方式来表达，又容易陷入早恋的误区。所以，结合本课学习来启发和引导学生，帮助他们学会交往、学会成功发展自己真挚的友情，显得十分必要。在教学过程中，以小许和小王真挚友情的典型事例为榜样，引导学生探究，促进学生在学习与体验中学会交往、学会发展自己真挚的友谊。

3.1 导　入

（师播放《友谊天长地久》歌曲）

师：这首歌很熟！歌名叫？

生：《友谊天长地久》。

师：大家想不想自己的友谊像这首歌一样天长地久？（学生：想。）可是心想不一定事成。要事成得掌握一些学问。下面我们就来探索这门学问，首先，请看小许和小王真挚的友情故事。（如图 8-7。）

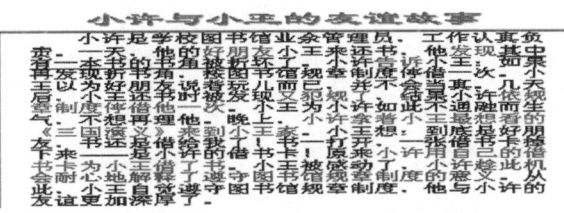

图 8-7

3.2 评说事例

师：哪两位同学愿意表演小许与小王发展真挚友谊的故事？

有几名学生举手，教师叫两名学生进行即兴表演让学生进一步体验小许与小王发展真挚友谊的故事。（过程略。）

师：小许与小王经历借书风波的考验，友谊更加深厚了。（CAI 如图 8-8）请同学们想一想：小许是以什么来发展与小王的真挚友谊？小许的哪些言行体现了他对待朋友的"真诚"、"热情"、"宽容"和"原则"？

图 8-8

师：小许是以什么来发展与小王的真挚友谊？

生1：小许以宽容来维护友情，以原则来纯化友谊。

师：你从小许的哪些言行中看出来？

生1：小许是个讲原则的人。他发现小王借的一本书的书角被折坏了，就告诉他下不为例。（学生笑。）否则按图书馆的规定停借一次。几天后，小王还书时又被发现犯规了，结果小许依规章制度停借他一次，说明了小许以原则来纯化友谊。虽然小王做错了事，还生小许的气，按理说小许也可以不理小王，这是小王的错,但是小许并不这样做,反而还用自己的书证帮小王借最想看的《三国演义》,并亲自送书到小王家。说明了小许以宽容来维护友谊。

师:说得太好了。给点掌声。(学生掌声。)小许除了以宽容来维护友谊,以原则来纯化友情外,还以什么来发展与小王的真挚友谊?

生2:还有以真诚来换取友谊,以热情来培养友谊。

师:何以见得呢?

生2:小许对朋友说真话。因为他是个工作认真负责的人。当他发现小王借的书其中有一本书的书角被折坏了,小许真诚地告诉小王:如果再发现折书角,就按图书馆规章制度停借一次。小王以热情来培养友情,可以从小王生他的气,他用自己的借书证及时帮小王借书,并且在晚上,主动拿着小王最想看的《三国演义》来到小王家的言行里看出来。

师:明白了。是的,小许是个工作认真负责讲原则的人,他讲了真话,很真诚,他想以真诚换取真诚;可是小王产生了误会,小许能及时以自己的热情来培养友谊,如果没有一定的宽容之心是做不到的。小许的做法是不是很值得我们学习?(学生异口同声说"是",并报以热烈的掌声。)

3.3 知识内化

师:从小许与小王发展真挚友情的故事里,我们可以学到些什么?

生3:发展真挚友谊,要以真诚换取友谊、以热情培养友谊、以宽容维护友谊和以原则纯化友谊。

师:在建立和发展真挚友谊的过程中,真诚是最重要的。因为真诚是做人的一种高贵品质,也是交友成功的基本前提。我们应该怎样来表达自己的真诚呢?

生4:要尊重朋友,不伤他人自尊心。要坦诚相见,不说假话。要言而有信。

师:那么,在小许与小王的友谊故事里,小许对小王做到坦诚相见、不说假话吗?

生5:应该说做到了。小许把图书馆借书的有关规章制度真实地告诉小王。

依我看，小许把遵守纪律看作是重要的事情，所以能够敞开心胸，坦率、真诚地说出自己的看法。

师：说得好。小许这样做是对的。怕得罪朋友而说假话，或者为了讨好朋友而说假话，都是不可取的，最终会危及友情。当然以真诚换取友情，还要以热情培养友情。这是因为热情是滋养友情之树常绿的阳光和雨露，缺少热情，友情之树就会枯萎。（CAI 如图 8-9）

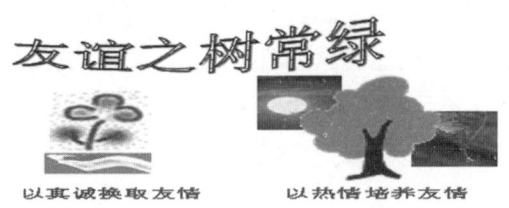

图 8-9

师：热情的真谛是什么？

生6：主动。

师：爱默生说："要想得到别人的友谊，自己就得先向别人表示友好。"其中最能体现出主动热情的一个字是？

全班学生：先。

师：记住，是个"先"。那么怎样做到热情主动？

生7：要学会主动去关心朋友，主动去帮助朋友，主动去发现朋友的优点并由衷地予以赞扬。

师：通俗一点说，自己首先把手伸出去，然后才能握住别人的手。另外发展友情，也需要有比天空更宽阔的胸怀。如果小许没有宽容之心，他就不会主动向小王解释说明，可能就得不到小王的谅解。人的胸怀可大可小，有的人小比一口针，有的人宽如大海与天空。哪种人更能交到朋友和发展真挚的友情？（生：心胸宽广的人。）小许心胸宽广，他能对小王的过失持宽容之心，使小王受到感动和教育。那么，我们应该怎样来表达自己的宽容呢？

生8：首先，要对朋友的不同意见持宽容态度。其次，要对朋友的过失持宽容态度。最后，真心实意地去成全朋友的好事，发自内心地为朋友的成功和进步而高兴。

师：希望同学们也能做到。友情最高意义在于哪里？

生9：友情的最高意义在于，它能使我们获得一种向上的精神力量。

师：正如小许与小王的友情，使得小王自觉地遵守了图书馆规章制度。所以，友情与原则相连，发展友情，还要以原则纯化友情。怎样才能做到以原则纯化友情？

生10：一方面要求我们面对大的原则问题时，应该有明确的态度，对就对，错就错，坚持正确的东西，摒弃错误的东西；另一方面也要求我们选择适当的方式，来向朋友表达自己的态度，可以是直截了当式的，也可以是婉转迂回式的，等等。

师：发展真挚友谊既要宽容，又要讲原则，是不是矛盾？

学生讨论……

师：友谊有高低品位之分，真挚友谊是在讲原则前提下的宽容，不讲原则的宽容其实是纵容，其害处是十分明显的。小许对小王借书的犯规，依章停借一次，是讲原则，是非分明。小许用自己的借书证成全小王借到想借的书，这是宽容。小许与小王的友谊既讲宽容，又讲原则，是真正的友谊，更是高尚的友谊。由此看来，对于发展真挚的友谊，讲宽容与讲原则并不是矛盾。（CAI 如图8-10）

发展真挚的友情

要求做到	具体表达方式或要求
1. 以真诚换取友情	（1）要尊重朋友 （2）要坦诚相见 （3）要言而有信
2. 以热情培养友情	真诚 主动 关心、帮助、发现优点并由衷的赞扬
3. 以宽容维护友情	（1）对朋友的不同意见 （2）对朋友的过失 （3）真心成全朋友的好事
4. 以原则纯化友情	（1）是非分明 （2）方式适当

图8-10

师：发展真挚友谊需要以真诚换取友谊、以热情培养友谊、以宽容维护友谊和以原则纯化友谊。我们放眼班级，不难发现在座的既有男同学，也有女同学，男女同学可不可以交往呢？请同学们也来参与下面的主题班会。（CAI 如图8-11）

八、学会交往实践

议一议,说一说:

- 初一某班学生召开班会,讨论:男女同学可不可以交朋友?有的学生认为,可以交。也有
- 的学生认为,不可以交。请大家四人一组也参与他们的讨论。你支持哪种说法?说出理由。还有不同观点吗?

图 8-11

(学生小组讨论……)

师:有没有认为不可以的?

生11:我认为不可以交。理由是:影响学习,也会让父母担心。

师:父母有什么担心?

生11:就是早恋。

师:你的意思是说异性同学交往有一定的不良影响。(学生说:是。)认为可以交的,有何理由?

生12:当今社会,男女平等,共同学习、劳动,交往已属正常。男女同学正常交往,不仅可以使我们的集体更加团结,还能使男女同学在心理、智力、能力方面的优势得到交流和发展。如果只与同性同学交往而不与异性同学交往,无异于拒绝和放弃了一半朋友。我的意见是以恰当的方式来交往。

师:可是什么是"恰当的方式"呢?

生12:第一,自然地、落落大方地进行男女同学间的交往。第二,交往时男女同学都要学会尊重对方,包括尊重对方的人格,尊重对方的意愿,注意不要随意干扰别人的生活和学习。第三,交往时男女同学都要学会自爱,爱护自己的尊严和名誉,珍惜自己的人品和人格,并且懂得保护自己。

师:我赞成你的看法。但是为了避免误会,我补充三个值得注意的地方,供大家参考。第一,男女同学交往要尽量广泛。第二,交往中注意时间不要过长。第三,交往的次数不要过于频繁。(学生给予掌声。)(CAI 如图 8-12)

179

| 以恰当方式表达男女同学的友情 ||
恰 当 方 式	值 得 注 意 地 方
1. 自然地、落落大方地进行男女同学间的交往。	1. 男女同学交往要尽量广泛。
2. 交往时男女同学都要学会尊重对方。	2. 交往中注意时间不要过长。
3. 交往时男女同学都要学会自爱。	3. 交往的次数不要过于频繁。

图 8－12

3.4 悟理践行

师：以上的学习与探讨，我们可以悟出什么道理？

生13：发展真挚的友谊，需要以真诚换取友情、以热情培养友情、以宽容维护友情和以原则纯化友情，还需要注意以恰当的方式发展男女同学的友情。

师：说得好。这是大家学到的知识，我希望大家能把学到的知识用来指导自己的行动。俗话说："金无足赤，人无完人。"下面请同学们实话实说：就自己交友方面还存在哪些做得不够好的地方，说说今后的打算？（CAI 如图 8－13）

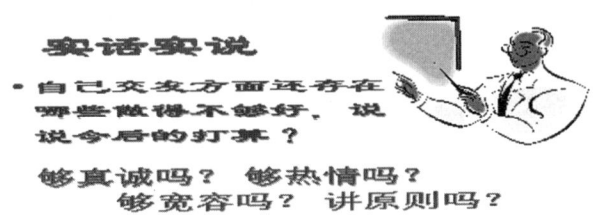

图 8－13

（学生讨论……）

师：谁先说？（学生踊跃举手。）

生14：在家里，家人都顺着我，所以我有些娇气和霸气，（学生笑，看来不少学生有同感。）总要朋友听我的，不听我的，我就生气，造成朋友对我也爱理不理，说实在的我的朋友不多，心里总有点烦。现在想来，是我不够尊重朋友造成的。

师：也不要难过，人贵有自知之明，知不足而改之，是可以进步的嘛。今后有什么打算？

生14：我不能心中只有自己，还要目中有他人。要做到这一点，我打算先从尊重父母的意见这件事开始，父母讲话时，要认真听，而与朋友相处时，也要倾听朋友的看法，要真诚而平等地对待朋友。

师：人最可贵的地方就是真诚，你意识到了这点，我想你会成功地拥有更多属于自己的朋友。谁还来说？

生15：我胆小，对朋友不够热情，所以我要主动些，大胆些。我举手回答问题就是我的打算。

师：为这名同学成功地迈出了"主动"的第一步，鼓点掌吧！（学生热烈的掌声。）

生16：我原则性不强。好朋友让我给他作业抄，我不想想就给了，结果影响了他的进步。以后，我要善意拒绝。

师：那这样会不会影响你们的友情？

生16：小许同小王的友情故事，你忘记了？（将了老师一军！学生大笑，老师也笑。）我当然要帮助他，使他进步。

师：借作业给同学抄的现象还是比较多的，有的同学明知把作业给同学抄是不对的。但碍于面子，丢了原则。这位同学做得对！值得我们学习。

生17：我的成绩比较好，往往看到某某同学成绩超过我，心里就酸溜溜的。

师：你知道这是什么心理吗？

生17：嫉妒心。

师：今后怎么办？

生17：像小许一样有宽容心，我不嫉妒朋友的进步，我要以朋友的进步作为自己的榜样，争取自己的进步。

师：太好了！我们也应向你学习。给点掌声吧。（热烈掌声。）

……

4. 做一个负责任的公民

4.1　两难选择

师：这节课，我们的议题是"做一个负责任的公民"。俗话说："君子一言，驷马难追。"强调答应的事就一定要做到，可谓"一诺千金"。但现实中由于利益的关系，往往让人处于两难的矛盾中。例如——（CAI：音像同步。）

吴小玉是一名初中女生，她很想自己打工挣钱多买些书。征得父母的同意后，她利用暑假到一家公司打工，负责在指定地点免费赠送公司产品的宣传海报。一次，她不慎丢了四百多张宣传海报。按照公司的规定，她要照价赔偿。要不要向公司汇报呢？她陷入矛盾之中……

4.2　勇担过错

师：吴小玉陷入什么样的矛盾中？
生：要不要向公司汇报。
师：大家来讨论，做预测：吴小玉选择汇报会怎样？选择不汇报又会怎样？（学生讨论略。）
生1：选择汇报，就要照价赔偿，本想自己打工挣钱多买些书，岂不是"赔了夫人又折兵——白干了"（学生笑。）；选择不汇报，公司可能不知道丢失宣传海报的事情，就不用承担赔偿的责任。

师：照这样分析，似乎选择不汇报合算。吴小玉为什么还陷入矛盾之中？

生2：我想吴小玉考虑到不汇报有不妥当的地方。弄丢了派发的宣传海报，不汇报是不负责的表现。从道德上说，良心大大的坏了。（学生笑。）

师：依你说，吴小玉选择不汇报就会内心不安，受到自己良心的谴责。如果吴小玉选择向公司汇报，你会对她的行为做怎么样的评价。

生2：社会上的人会说她是傻瓜，我不这样认为。我认为她是道德高尚的人，是个勇担过错、负责任的人。

师：评价这么高。的确，做错事时，承认错误是一种负责任的表现，而承担错误所造成的后果更能考验一个人的勇气和道德修养。如果是吴小玉自觉承担责任的话，我也会给她这么高的评价。怎么算是自觉承担责任呢？

生3：自觉承担责任，就是我要承担责任、我愿意承担责任、我主动承担责任，而不是要我承担责任、被迫承担责任。

师：噢，自觉承担责任，强调"我要""我愿意""我主动"。书上说，做责任的主人，可以享受承担责任的快乐。为什么呢？

生4：具有责任感是心理健康的标志之一。从心理卫生的角度上看，强烈的责任感具有心理保健作用。因为它可以使人把履行各种职责看成是自己分内的事，还可以让人体验尽职守责的幸福感、成就感。

师：可是，前面同学说，吴小玉承担了照价赔偿的责任是"赔了夫人又折兵——白干了"，还有什么快乐可言呢？

生5：难道吴小玉背着逃避责任的罪名，她内心会好过？

师：好过吗？

生6：没有责任感的人无所谓，有责任感的人肯定不好过。

师：这样说来，难怪吴小玉在选择汇报还是不汇报的问题上陷入矛盾之中。作为有道德心、有责任感的人，与其选择痛苦还不如选择快乐。所以，吴小玉应该选择什么？

生：向公司汇报！

师：你们的选择让我很意外！因为在社会的某些人眼里，你们挺傻的。不过在我的眼里，你们是好样的！你们的选择赢得了老师的尊重，高兴吗？

生：高兴。

师：一位心理医生指出：做责任的主人，可以享受承担责任的快乐。人之所以得心理疾病，是因为没有学会或丧失了负责任地生活的能力。大家从吴小玉的选择中可以得到什么启示？

生6：我们要做一个负责任的公民。

生7：我们做一个负责任的公民就要自觉信守承诺，勇担过错。

4.3　信守诺言

师：勇担过错是因为我们要信守承诺。关于勇担过错，我们在吴小玉的事例中已经做了详细分析，下面我们来关注信守承诺的问题。请看（如图8-14）——

刘汀家购买了一台电视机，根据商场送货部的统一调配，电视机在周日上午10点送到。周日早晨，爸爸、妈妈突然临时有事，不得不出门，要求刘汀在家等候。

图8-14

——如果商场送货工不能按时送货……

——如果商场送货工准时把电视机送到而刘家没人等候……

师：刘汀该怎么办呢？

生1：刘汀应该在家等候，因为这是父母分配的任务。至于更改黑板报的时间，我觉得改为上午10时30分恐怕不是很好。

师：为什么？

生1：如果商场送货工不能按时送货，岂不是又要向同学打电话商量？

师：那怎么办好？

生1：我想刘汀应该向同学如实反映情况，把出黑板报的时间初定在上午10时30分，如果商场送货工不能按时送货，则时间另定。不过，我认为出黑板报时间定在下午 2 时最好，这样就省得又要打电话给同学了。（学生掌声。）

师：这里就涉及许诺与守诺的问题。正确的做法应该是？

生：慎重许诺、坚决履行诺言。

师：古人云："言必信，行必果。"如果不信守承诺而失信于人会有什么影响？

生 2：既是对自己不负责任，也是对他人的不尊重，甚至会对他人、对集体的利益造成损失。

师：对此，我们《中学生日常行为规范》有何规定？

生 3：诚实守信，言行一致，答应他人的事要做到，做不到时表示歉意，借他人钱物要及时归还。不说谎，不骗人，不弄虚作假，知错就改。

4.4 学会反思

师：《中学生日常行为规范》强调了"诚实"二字。我们知道，信守承诺意味着承担责任，但不要刻板、僵化地理解，而应该根据实情来灵活处理，当自己很努力也无法履行诺言时，可以实事求是地向他人解释，求得他人的理解。此时此刻，我想到古人的话："人非圣贤，孰能无过。"所以，我觉得自觉承担责任，就要学会反思自己的责任。孔子云："吾日三省吾身。"下面就请大家反思一下自己的负责任的情况。

把你在学习、家庭、班集体、社会中的责任和自我评价在表 8-1 中列出来。

表 8-1

	责　任	自我评价
学　习		
家　庭		
班集体		
社　会		

（老师发放上表，学生填写，过程略。）

师：这节课我们一起探究了做一个负责任的公民的有关要求。我们知道，每个人从出生的那天起，就生活在复杂的社会关系之中，与他人、集体、社会之间存在着责任关系。一个负责任的公民立足社会，就会赢得他人的尊重，乐得自己身心健康。所以老师希望大家向孔子学习"吾日三省吾身。"经常三问自己：我有什么责任？我主动承担了吗？我尽心尽力了吗？这就是我们学会做人的基点，也是我们培养高尚品格的起点。

5. 我对谁负责　谁对我负责

"问责制"是我国政治体制改革的重要内容,它向世界彰显:中国是一个负责任的大国。作为负责任的大国公民,我们中学生应当具备相应的责任意识和履行相应责任的能力。但是,放眼我们身边的一些学生责任意识弱化,荒废学业、厌学、逃课、考试作弊、说谎、破坏公物、迷恋网吧以及垃圾文化等;还有个别学生过于注重个人利益,对公共利益漠不关心,对集体活动、公益性活动不感兴趣,觉得有利的就做,没好处的就不干,认为理想是远的、信念是空的、权利是近的、金钱是实的,主张放弃远的、抛弃空的、抓住近的、捞取实的等。这些现象与负责任的大国公民的形象很不相符的。

5.1　看图说故事

师:请同学们看图(CAI 如图 8-15),并叙说图中故事。

生1:一个 15 岁的少年,在楼前空地上踢足球,把一家商店的玻璃撞碎了。店主说:"这块玻璃是特制的,你得赔。"孩子没有办法,回家找爸爸。爸爸问:"玻璃是你弄碎的吗?"孩子说:"是。"爸爸说:"那么你应当赔偿。"孩子沮丧地说:"我没有钱。"爸爸说:"我替你付,但你将来参加工作以后必须还给我。"

图 8-15

5.2　责任的内涵、来源

师：是这么回事。大家想想：在这个情景中，这位15岁的少年不应该做的事情是什么？应该做的事情又是什么？

生1：不应该做的事情是弄碎商场的玻璃。应该做的事情是向商店赔偿损失。

师：我赞成你的看法。同学们赞成吗？（学生：赞成。）除此之外，你认为哪些事情是我们应该做的？哪些是不应该做的？

生2：如应该上学，应该帮助朋友，应该完成作业，应该遵守纪律等。

生3：不应该逃学，不应该与别人打架，不应该抄袭别人作业等。

师：在法律和道德范围内应该做的事情和不应该做的事情有很多。概括起来，一个人应该做的事情和不应该做的事情就是一个人的责任（稍停顿，让同学感悟出来），也就是说，责任是一个人应该做某些事情和不应该做某些事情。这些责任产生于什么？具体来自于哪里呢？

生4：责任产生于社会关系之中的相互承诺。具体来自于对他人的承诺、分配的任务、上级的任命、职业的要求、法律规定、传统习俗、公民身份、道德原则等。

师：我要强调的是有的责任来自于人们当面的相互的约定、相互的承诺，有的早有约定与承诺，如分配的任务、上级的任命、职业的要求、法律规定、传统习俗、公民身份、道德原则等。大家看上面的事例，15岁少年踢足球，把一家商店的玻璃撞碎了，需要赔偿，这种赔偿的责任来源于什么？

生5：法律规定、传统习俗、公民身份、道德原则。

师：大家同意吗？

生6：我觉得这种赔偿的责任不应来源于"公民身份"，如果是成年人的身份就不用赔了吗？所以，这种赔偿的责任来源于法律规定、传统习俗、道德原则。

5.3 角色的责任体验

师：很细心，好。在社会的舞台上，每个人都在扮演着不同的角色：如科学家、教师、艺术家、公务员、农民、工人……现在，我们是中学生，随着所处环境和场所的变化，我们也会不断地变换自己的角色，如：对于父母来说，我们是——子女（学生答）；对于老师来说，我们是——学生（学生答）；对于同学来说，我们是——同学（学生答）；到商场购物，我们是——顾客（学生答）；乘公共汽车，我们是——乘客（学生答）；等等，可谓角色多多。同学们，调整角色行为，承担不同的责任。下面请同学们写出自己所扮演的五个主要角色，并说出每个角色应承担的相应的责任。（CAI 如表 8-2）。

表 8-2

角 色	责 任
1.	
2.	
3.	
4.	
5.	

（学生思考并填写，略。）

师：我们在社会生活中，扮演着不同的角色，而每一种角色往往都意味着一种责任。现在请同学来说一说。

生1：我的角色1是子女，责任是孝敬父母；角色2是学生，责任是遵纪守法、完成学习任务；角色3是同学，责任是忠诚、互助友爱、共同进步；角色4是姐姐，责任是妹妹的榜样，帮助妹妹进步；角色5是社会成员，责任是讲卫生、保护环境、热爱祖国、爱好和平等。

5.4 小含的困惑

师：说得好！扮演什么样的角色就要承担相应的责任。能够做到角色与责任同在，我们就可以说这人是个负责任的人。同学们，只有人人都认识到自己扮演的角色，尽到自己的责任，才能建设和谐美好的社会，共享美好的幸福生活。否则，就会出现许多不和谐和困惑。小含就是一个例子（CAI 如图 8－16），请看——

图 8－16

小含忘了把作业本带到学校，组长答应帮忙打个掩护，却没有履行自己的承诺。老师看到未交作业的同学名单很生气。小含向老师保证她的作业已经完成，但老师一定要看到作业本才相信。小含想回家拿作业本，老师说："这样会耽误你上课，还是请你家长送过来吧。"小含的妈妈正在外地出差，她打电话给爸爸，但爸爸正在采访途中，无法赶过来。小含感到很困惑："谁对我负责？"

（学生阅读，略。）

师：小含经历了什么事？她感到困惑的是什么？

生1：小含忘了把作业本带到学校，组长答应帮忙打个掩护，却没有履行自己的承诺。老师要小含叫家长把作业送过来，可小含的家长偏偏没有空，所以小含感到很困惑："谁对我负责？"

师：要解决小含的困惑，大家得先找出事例中相关的人物有谁？

生：有小含、组长、老师、爸爸、妈妈。

师：下面老师发给大家一张表格（见表 8－3），就他们各自所担当的角色，大家探讨如下相关问题：（1）他们的责任是什么？（2）应当向谁负责？（3）责任的来源是什么？

表 8-3

谁负有责任	责任是什么	应当向谁负责	责任的来源是什么
小含			
组长			
老师			
爸爸			
妈妈			

(学生讨论并做记录略。)

师：谁把探讨的结果说一说？

生1：小含的责任是按时完成作业，及时交作业；应当向自己和学校负责；责任的来源是法律、承诺和任务。

生2：组长的责任是按时收作业并做好缺交作业情况的记录；应当向自己和学校负责；责任的来源是承诺、任命和任务。

生3：老师的责任是教书育人，及时批改作业；应当向自己、学生、家长和学校负责；责任的来源是法律、道德、职业的要求。

生4：爸爸妈妈的责任是教养监护；应当向自己、小含、学校负责；责任的来源是承诺、法律、道德。

师：我赞成大家的看法。那么，谁应该向小含负责呢？

生5：首先小含应当向自己负责。

师："首先"是什么意思？

生5：就是第一的意思。

师：是不是第一责任人的意思？

生5：是。

师：我同意你的看法。小含问：谁对我负责？回答首先是——自己对自己负责。(学生异口同声。)是的，谁对自己不负责任，谁就要对这种不负责任所造成的后果负责，承担这种不负责任的责任。难道其他人就没有责任了？

生6：有。如，组长不应该答应帮忙打个掩护、爸爸应该提个醒。

师：是的，组长和爸爸都有点责任，但都是其次的。假如小含的组长真的帮她打掩护，可能会导致什么结果？

生7：可能导致小含以后做作业偷懒甚至不做作业，成为一名不负责任的人,这样下去,小含的成绩会一落千丈。

师:这样的结果,恐怕不是大家所希望的。如果你是组长,你会怎样做?为什么?

生8:我不会答应帮忙打个掩护,我会叫小含回家把作业带到学校。因为这样小含就不会有什么侥幸心理,是为她好,同时组长这样做也是对自己负责。

5.5 提建议解困惑

师:这样做,好是好。但有可能让小含生气。如果你是组长,会怎样说?

生9:老师每次检查都很认真,我打个掩护也没用,何况让老师发现多不好。

师:这样说也挺好,和气说理嘛。假如你是小含的朋友,你会对她提出什么建议?

生10:告诉小含,别为难组长。

生11:用合理、合法的方法,及时纠正自己的过失。

师:用合理、合法的方法,及时纠正自己的过失,也是一种负责任的表现。小含应纠正自己的什么过失呢?

生12:小含不应该向组长提出帮忙打个掩护的要求。

师:也就是说不要打歪主意。大家还有什么建议?

生13:小含应向组长和老师赔礼道歉,尤其要争取老师的宽容和谅解。

生14:小含在出门时应提醒自己,如检查一下作业有没有带齐等。

5.6 培养责任感,自觉承担责任

师:这些都是很好的建议。同学们,我们都生活在社会中,任何人脱离了社会就不可能生存和发展,更不可能成就任何事业。社会是一个整体,人们在社会生活中都扮演着不同的角色,承担着不同的责任。我对他人负责,他人也对我负责;我对自己负责,说到底,也就是对他人负责、对社会负责。所以,我们每个人都应该具有责任感。如遇到下面情景,你会怎么做?

情景一:与同学相约去公园玩,自己迟到了。(如图 8-17)

情景二:今天轮到自己所在的小组打扫卫生,恰好自己又要去参加篮球赛。(如图 8-18)

情景三:一个小偷在公共汽车上偷东西被发现,失主要求把车开到派出所,但有些乘客表示要赶着上班,不同意失主的要求。(如图 8-19)

图 8-17

图 8-18

图 8-19

(学生思考,略。)

师:就以上情景,谈谈你会怎样做?

生1:在情景一中,我会向同学道歉,并向同学解释迟到的原因,求得同学的理解和原谅。

生2:在情景二中,我会放弃篮球赛,认真做好打扫卫生的工作。

生3:我不同意他的做法。这样篮球赛又会受到影响,也是不负责的表现。我认为,最好的办法是找一位同学替换,明天再搞卫生,这样两不误。

师:这种两全其美的办法最好,值得学习。在情景三中,你又会怎样做?

生4:我会支持失主的意见。

师:为什么?

生4:因为要赶着上班,不同意失主的要求,会助长小偷的嚣张气焰,不利于建立与违法犯罪行为做斗争的良好的社会环境。从道德的角度看,是只顾自己的利益,缺乏社会公德意识。从法律的角度看,是不履行与违法犯罪行为做斗争的义务。

师:以上所做,就是负责任的表现。对于我们中学生来说,自觉承担责任就是自己的事自己做,做好自己力所能及的事,并且对自己做的事负责。最后,我想问:同学们,目前你最大的责任是什么?你最大的责任是把你这块材料铸造成器。(易卜生)

6. 巧用"自己人效应"

新学期，我从另一位老师手里接班上课。本以为会受欢迎，没想到课代表小北前来提出辞职。我了解情况后，做了多方面的努力挽留，但他去意坚决，只好换了一位课代表。然而，小北暗地里与他作对，让我很是头疼。

在课堂上，小北不专心听讲，做其他作业，还与同学讲话，有时还故意顶撞……

刚开始，我找他，指出这样做的危险，小北并不以为然，反而变本加厉。看来，认定了一个人好、一个人不好，习惯的改变真不容易。我是位经验老到的教师，自从了解到小北个性固执，意识到教育他要等待时机。

月考下来，小北从优秀滑到了及格的边缘。

我再次找来小北，语重心长地对他说："责任与角色同在，一个人可以选择不担当，但不可以选择捣乱，更不可以选择让自己退步。其实，我也有和你一样的经历。在读初二的时候，新调来一位年轻女教师，同学们都不理她，我是她所教学科的课代表，我也处处与这位年轻女教师为敌，结果成绩掉了下来。我记得当时老师对我说，退步不可怕，可怕的是不思悔改。"

刚开始，小北对我的话根本不在意，逐渐地，他对我的话有了反应。急着问，后来呢？我说："后来，我意识到自己的错误，认真学习，不再捣乱，成绩也上来了。"最终，我说动了小北的心。

之后，小北不再捣乱，还主动配合课代表组织同学读书学习。

要信就信自己人，要帮就帮自己人！一个人，一旦认为对方是自己人，便会另眼相待，这就是"自己人效应"。

九、多元评价实践

　　学习者的能力是多方面的,每个学习者都有各自的优势,学生在意义建构活动过程中,表现出来的能力不是单一维度的数值反映,而是多维度、综合能力的体现。因此,对学生学习的评价应该是多方面的,多元评价体现在主体多元化,内容多元化,方法多元化。评价的目的,是为了促进学生更好的全面发展。

1. "章"显魅力

道德与法治课以教人向善、培养合格公民为要旨。如何引导学生"向善"呢？我请人刻了几枚印章，引导学生开展争"章"创优活动，取得了一定的教育效果。

1.1 "章"的内涵

印章如同奖章，是对学生的言行做出正面的中肯的评价，起着导向和激励的作用。设"章"要根据学科特点和班级学生的具体情况来确定。

1.1.1 "好学"章

终身学习是现代社会发展的必然要求，也是个人持续发展的要求。确立终身学习的观念，养成主动学习、持续学习的习惯是十分重要的。设"好学"章，就是要引导学生在课堂上做到勤读书、多读书、好读书，营造和形成一种好学的氛围。

1.1.2 "善问"章

著名教育家陶行知说过："发明千千万，起点一个问。"爱因斯坦也说过："提出一个问题往往比解决一个问题更重要。"设"善问"章，就是要刺激学生进行较高水平的思维活动，学会思考，逐步掌握会问、善问的艺术。

1.1.3 "明理"章

读书的关键在于理解，读书不应止步于一知半解，不应一味地死记硬背。读书理想的境界是做到心领神会、厚积薄发、深入浅出、出神入化。设"明理"章，就是要引导学生会读书、读懂书，明晓事理，从中感悟出事物深层的含义和人生命运的真谛。

1.1.4 "助人"章

"予人玫瑰，手留余香。"我们生活的社会应该是一个互帮互助的社会，更应该是一个人人相互关爱的社会。设"助人"章，就是要引导学生乐于帮助别人，营造一个"我为人人，人人为我"的学习生活氛围。

1.1.5 "守纪"章

"依法治国"是我们党治理国家的基本方略。"没有规矩，不成方圆。"守纪是合格公民的基本要求之一。设"守纪"章，就是要引导学生认真按照中学生行为规范要求自己，做守纪的中学生。

1.1.6 "致用"章

研究学问是为了学以致用，将理论和实际相结合，实事求是，灵活加以运用。设"致用"章，就是要引导学生把学习的理论知识运用到自己的生活中去，学会自我调适控制、学会社会交往沟通、学会适应信息社会、学会道德判断、学会合法维权、学会爱护自然环境等。

1.2 "章"的使用

在老师的引导下，印章主要由班级的课代表统一使用。课代表依据学生的言行表现的记录加以印盖。每周小评，每月中评，期末总评。把班级分成六个小组，每个小组都有均等的不同层次的学生。（如男女搭配、学业水平等）这样，组与组之间、相同层次的成员之间进行竞赛，对学生的表现做出多元的评价。

1.2.1 评价

△**课堂表现**

课堂表现是对学生、小组进行评价的主要方式,是指在课堂上根据"好学""善问""明理""助人""守纪""致用"等方面的内容对学生进行有效的、恰当的评定。

△**实践表现**

实践表现是对学生、小组进行评价的辅助方式,是指根据学习的内容,对学生在课外的实践或作业的情况给予恰当的评定。

1.2.2 奖励

设单项奖和综合奖。单项奖:"好学"之星、"善问"之星、"明理"之星、"助人"之星、"守纪"之星、"致用"之星。综合奖:道德与法治课学习标兵。

△**重在精神奖励**

对获得周、月单项奖、综合奖者给予精神的奖励,如张榜表彰、写家庭报喜信(或短信报喜)等。

△**辅以物质奖励**

对获得期末单项和综合奖的除了给予精神奖励外,还要给予一定的物质奖励。奖品制作力求简单,重在有意义,如一本练习簿,一份荣誉证书,一份获奖证明,一份有老师和同学签名的笔记本等。

1.3 "章"的魅力

争"章"创优活动是多元评价的有效机制,为道德与法治课构建高效课堂凝聚了一定的正能量。

1.3.1 有利于激活学生学习兴趣

争"章"创优活动,架起了多元评价的平台。每个人的内心深处都渴望得到肯定和认可,肯定和认可能够强烈地激励学生去创造更多的价值。任课老师多表扬、鼓励，久而久之，学生就会喜欢科任老师，也就会喜欢科任老师的课。

1.3.2　有利于增进学生相互合作

争"章"创优活动，培养学生助人意识和合作精神，小组和班级的荣誉感得到了提升。

马卡连柯说："教育了集体，团结了集体，加强了集体，以后，集体自身就能成为很大的教育力量了。"

1.3.3　有利于促进学生个性全面发展

每棵草都有开花的心，每个人都有隐形的翅膀。霍姆林斯基说："集体是教育的工具"。课堂教学的向心力的形成就是一股强大的无形力量，会对每一个学生的个体发展起到巨大的潜移默化的教育、激励作用。

（本文发表于2013年第3期《现代教育科学》）

2. 这样谈心效果好

有个别学生，班主任与他谈心，虽然班主任苦口婆心，但是他往往叛逆。班主任对他批评越多，他反感越多。对于这样的个别学生，批评应慎用、少用。如果换一个角度，班主任以学生身上的闪光点作为谈心的切入口，这样学生容易接受，会起到较好的教育效果。下面，试举三例来说明。

2.1 巧借偶像，让学生重新扬起理想的风帆

李东自夺得全镇乒乓球单打冠军后，就像吃了兴奋剂一样，只顾打球，忘记了上课学习，成绩自然一塌糊涂。科任老师多次批评，他总是不以为然。一次，他又旷课去打球，班主任张老师知道情况后，找到了正在球场酣战的李东，语重心长地对他说："体育技能也是一种能力，而且具备这种能力的人不多。李东，你是我们班的骄傲和自豪。感谢你为班集体赢得了荣誉。"满以为会挨批的李东一脸诧异，不好意思地低下了头。看到李东的表情，张老师问他："问你一个问题，你最崇拜哪一位体育明星？""邓亚萍！"（体育老师曾对李东讲过邓亚萍拼搏的故事）李东脱口而答。"为什么？""邓亚萍在球场上太威风了。""可是你只看到了球场上的邓亚萍，没有看到球场下的邓亚萍。邓亚萍退役后，从连26个字母都认不全开始，到最后取得剑桥大学经济学博士学位，你知道她靠的是什么？""拼？""对，你现在文化课成绩虽然不好，但老师希望你不要自暴自弃，如果你的学习，也能像打乒乓球那样执着，如你偶像邓亚萍一样拼搏，成绩一定会越来越好，我相信，凭你的聪明劲儿，考上高中不成问题！"得到了

夸奖和鼓励的李东心里暖烘烘的，他坚定地望着班主任说："张老师我错了，请相信我，今后我一定在课堂上和球场上一样棒！"

张老师发现李东因为打球旷课而影响学习成绩后，没有像其他科任老师那样直接对他进行批评，而是全面辩证地看待自己的学生。首先欣赏他的体育特长，夸奖他的拼搏劲儿，并感谢他为班级赢得了荣誉，这样就为深入交谈创造了和谐的气氛。接着，他没有就事论事，而是巧妙地聊起崇拜偶像这个话题，借邓亚萍的真实事迹，委婉地指出了李东目前的学习状况，明确地表达了自己的殷切期望，更夸奖他的聪明劲儿，这一触及内心的谈话，很自然地激起了他的情感涟漪，让他重新扬起了理想的风帆。

2.2 活用掌声，让学生增加改正错误的勇气

新学期伊始，王老师班上转来一个被其他学校劝退的学生孙军。没出三天就有人来告状，说孙军因为记错了作业，做错了题，大发雷霆，把满满的一桶水倒在了教室的地板上。王老师匆匆赶到教室，大家都以为他要狠狠地批评孙军，没想到他对同学们说："孙军同学因为昨天一时粗心，记错了作业，正在生自己的气呢。他这么重视学习，我们应该高兴才对，等他想清楚了，气消了，会把教室打扫干净的。"说完还轻轻地拍孙军的头，孙军没想到王老师处理问题的方式和其他老师不一样，从来没有一个老师会这样对待他。一股暖流涌上孙军心头，他默默地取了拖布去清理教室。在王老师的带领下，大家送给他热烈的掌声，并纷纷站起来帮他清理。孙军的眼圈红了，王老师看着他说："老师相信，孙军同学以后再生气的时候，一定会想起同学们的掌声，一定会控制自己的行为，不会再给地面洗澡了。"

面对孙军不理智的叛逆行为，王老师用他意想不到的方式来处理，给了他从未有过的温暖。把"大发雷霆"说成是"正在生自己的气"。把"记错了作业，正在生自己的气"夸奖成"他这么重视学习"。当孙军意识到自己的行为不妥时，他以行动向老师认了错。王老师带领同学们把掌声送给孙军，是对他行动的鼓励和夸奖，帮他清理教室，是对他正确行动的肯定和支持。老师的话语，师生的掌声，如春风拂面，吹散了孙军心头的阴云，使他增加了改正错误的勇气。

2.3 妙说典故,激发学生向善向上的欲求

胡江是个调皮捣蛋的七年级男生,经常别出心裁地玩一些小把戏想引起大家的注意,上课的时候也总是管不住自己的嘴巴,经常自言自语,还随意插话,老师和同学们都对他十分头疼。这一天刚上课,胡江的花样又翻新了——他用胶布把自己的嘴巴封得严严实实,还不停地做着鬼脸,惹得同学们哄堂大笑,新接手的班主任钟老师一进教室就遇到了这样的尴尬场面,只见他面带笑容对大家说:"同学们都听说过头悬梁、锥刺股的故事吧,其实胡江同学用胶布封住自己的嘴巴,就是效法古人,告诫自己,不让自己随便说话,这说明他自己内心特别想做一个好学生,想成为大家的好伙伴。我想只要我们相信他并帮助他,他的心里就会有一条管住自己乱说话的'胶布',将来一定会成为一名守纪律的好学生!"在老师的期待中,同学们也投去了信任的目光。胡江不好意思地低下了头,从此,他慢慢改掉了上课乱说话的坏毛病。

坏习惯就像一蓬杂草,生长在学生的心灵上。胡江的坏习惯并非一日养成,他抱着破罐子破摔的想法,演出了一场与老师对着干的恶作剧,但钟老师并没有粗暴的"锄草",而是巧妙的"栽花":将胡江的无厘头行为与古人的"头悬梁、锥刺股"相提并论,推导出胡江的内心世界——特别想做一个好学生,想成为大家的好伙伴。一番夸奖很好地激发了胡江向善、向上的欲求,让他感受到被老师尊重、被同学接纳的快乐,从中获得了积极的动力,"杂草"一般的坏习惯自然逐步让位于"鲜花"一般的好习惯。

谈心,作为师生情感沟通的桥梁。班主任应从学生的闪光点出发,学会欣赏,善于夸奖。

3. 亲切有力量

某天下课，我刚走出课室。学生江锟晟（化名）追上来，小声地说要请教个问题。看他躲躲闪闪的样子，像是怕被别人知道。我带他到办公室坐下。"老师，我报考哪个学校好？"我想这个问题，找班主任询问更为妥当。于是我说："此事找班主任更好啊。""我觉得你很亲切！"

原来，亲切也是一种力量。

平常，我讲课，尽量不做作，不花言巧语，理性地分析问题，求实地解决问题。

他是外地的户口，曾问我，他可以在东莞市报考高中吗？他告诉我，他是广东省其他市的户口。我把我所知道的情况如实说来，并做中肯的分析。他的疑问得到解决。所以，有问题总喜欢来找我，我也乐意回答。

有句话说，"亲其师，信其道。"

亲是信的前提。我们教师放下了自己，能与学生融合在一起，就有了亲切感，学生就会亲近你，接受你的教导。

我们要用正道来让学生信。

十、精彩做题实践

做题的意义在于：检测教学效果，加深对知识的理解，把课本知识转化成自己的知识。在理论与材料（实际）结合（联系）的过程中，促进了思考，培养了审题、分析问题、解决问题的能力。看起来，学生是在学做题，其实也是在学做人。这是做题精彩之所在，也是更深层的意义之所在。

1. 热点话题，贴得近，放得开

广东省中考试题最大的亮点是引入充满时代气息的热点素材，反映实际生活，为问题提供真实而具体的情境。所谓热点话题，贴得近，放得开。具有较强的开放性、实践性、自主探究性、活动性和综合性，鼓励学生围绕题意，敢说话，会说话，说真话，培养学生创新能力和积极参与实践的意识，较好地体现了一标多本和新课程评价的基本要求。

1.1 邢丹不幸

2011年4月13日深夜，惠东县某村三名十多岁的青少年（均小学辍学）从高速公路边捡拾小石块和混泥土块向高速公路上行驶的汽车投掷，以击中为乐，邢丹不幸被击中身亡。这一事件给青少年的警示是（　　）。

①正确的是非善恶观是做人的基本品质　②要陶冶高雅情趣，树立崇高理想　③要自觉履行受教育的义务　④有严重不良行为的人可能走上违法犯罪的道路

A. ①③④　　　B. ①②③　　　C. ③④　　　D. ①②③④

【参考答案】A

【解法指要】邢丹是丛飞的遗孀。对于广东考生来说，丛飞事迹无人不知。选取最近发生的"邢丹不幸"新闻事件入题，视角小，警示大，有较强的教育意义。体现情感态度价值观的追求。①正确的是非善恶观是做人的基本品质，捡拾小石块和混泥土块向高速公路上行驶的汽车投掷，以击中为乐，是是非不

分，行为错误，符合题意；②以击中高速公路上行驶的汽车为乐，是庸俗的情趣，所以要陶冶高雅情趣，但这一事件与树立崇高理想无关，故不选；③惠东县某村三名十多岁的青少年均小学辍学，故要自觉履行受教育的义务，符合题意；④击石致邢丹不幸身亡，已构成了违法犯罪的要件，所以，有严重不良行为的人可能走上违法犯罪的道路，符合题意。

1.2　追星影响

背景材料： 中学生小明是追星族，他追的星不少，如哈佛女孩刘亦婷，大孝子朱时茂、李晨，体育明星姚明、刘翔等。小明特别崇拜他（她）们积极向上、努力拼搏的人生态度。小明追星不仅成绩没有下降，而且每次考试成绩都是名列前茅。

结合材料，请谈谈"追星"对中学生有什么影响？

【参考答案】

（1）中学生应该正确对待社会流行，学会在复杂的社会文化现象中做出正确的选择，要学会独立思考，理性行动。

（2）中学生如果理智追星、道德追星，那么追星就会产生积极影响。中学生应向材料中的小明学习，以优秀明星为学习榜样，学习他们的优秀品质。这样做：有利于陶冶高雅的生活情趣，形成积极乐观的生活态度，养成良好的道德品质；有利于激发个人学习潜能，确立正确的人生奋斗目标从而促进中学生健康成长。

（3）中学生如果盲目追星、从众追星，那么追星就会产生消极影响。它会使我们陷入庸俗的生活情趣中，养成不良的行为习惯，养成不良的道德品质，从而影响中学生的学习和生活，危害中学生的身心健康发展。

【解法指要】追星乃社会流行，是学生熟知的热点话题。追星有两种情况。一种是理性的，另一种是盲目的。背景材料中小明特别崇拜明星积极向上、努力拼搏的人生态度，小明追星是学习他们的优秀品质，是理性的，所以产生了积极的影响；"寸有所长，尺有所短"，明星也有不阳光的一面，如果盲目追星、从众追星，就会产生消极的影响。请谈谈追星对中学生有什么影响？首先要说明正确的做法,然后从正反两个方面展开分析追星的影响。

1.3 借钱皇帝

背景材料:当今社会,有些人成了"借钱皇帝",有借不想还。漫画中老王为了追回老刚久借不还的钱,将老刚关了起来。请你从权利和义务相互关系的角度,对漫画中老王的言行进行辨析。

图 10-1

【参考答案】

(1)漫画中老王的言行是错误的。

(2)公民的权利和义务是密不可分的。每个人既是权利的主体(享有者),又是义务的主体(承担者)。每位公民在行使权利时应做到:尊重他人权利;不得损害国家的、社会的、集体的利益和其他公民的合法权利和自由;在法律允许的范围内以合法方式行使权利。每位公民在履行义务时应做到:法律鼓励做的积极去做,法律要求做的必须去做,法律禁止做的坚决不做。

(3)漫画中老王有权利要求老刚归还欠款,以维护自身的合法权益。但老王没有在法律允许的范围内以合法方式行使权利,而是将老刚关了起来,这样做既侵犯了老刚的人身自由权,又没有自觉履行尊重他人权利的义务,所以漫画中老王的言行是错误的。

(4)在生活中,我们不仅要增强权利意识,还要增强义务意识。做到正确行使权利,自觉履行义务。

【解法指要】借钱不还,在现实生活中,屡见不鲜。用文字与漫画结合的方式命题,很有创意。解答本题,审清题意是前提,掌握步骤是关键。审清题意,要做到四审:一审知识范围,本题的知识范围是"权利和义务相互关系";二审行为主体,本题的行为主体是老王;三审问题指向,本题问题指向是对漫画中老王的言行进行辨析。老王的主要言行有：为了追回老刚久借不还的钱，将老刚关了起来。要想出去，先还钱！辨析题解题步骤有三：一是判断，显然漫画中老王的言行是错误的。二是说明理由，要考虑两点，第一要说明公民权利和义务的关系；第二要结合老王言行分析其没有正确行使权利的地方。三是简要说明如何正确行使权利与履行义务。

1.4　幸福广东

材料一：有全国政协委员认为：幸福广东的幸福更多的来自精神层面，更多的是靠文化来支撑。现在很多时候，很多人没有幸福感，这是因为这些人没有精神追求，思想扭曲了，享受不到文化上的满足。因此，建设文化强省成为幸福广东的必然要求。

材料二：为加快建设文化强省步伐，提升人们的幸福感，从2011年起，广东省文化产业发展专项资金每年增加4900万元，到2015年专项资金规模将增至4亿元。广东省省省长还承诺，2011年要加强城乡文化设施建设，支持新建市、县文化馆、图书馆、博物馆20个，乡镇综合文化站50个，城乡社区文化室1800个，建设乡镇农民体育健身工程100个。

（1）材料一、二分别说明了什么？

（2）结合材料，谈谈建设幸福广东为什么要加快文化强省建设？

（3）广东文化底蕴深厚，请你结合材料从文化建设的角度，为建设幸福广东提几条合理建议？

【参考答案】

（1）材料一说明文化是建设幸福广东的重要内容，文化是幸福的支撑。材料二说明广东省重视文化建设，着力提升人们的幸福感。

（2）①目前，我省文化发展还不能满足人民群众日益增长的文化和精神需要，很多人享受不到文化上的满足。加快文化强省建设，有利于不断满足人民群众日益增长的文化和精神需要，从而提升人们的幸福感。②加快文化强省建设，大力发展社会主义先进文化，建设社会主义精神文明，是建设幸福广东的必然要求和重要组成部分。有利于陶冶人的情操，提高人们的科学文化素质、思想道德素质和心理素质，实现人的全面发展。③加快文化强省建设，能为经济社会发展提供思想保证、精神动力、智力支持等，有利于推动经济和社会协调发展，增强综合国力。而经济的发展能为建设幸福广东提供坚实的物质基础。④加快文化强省建设，有利于构建和谐社会，为幸福广东营造良好的文化环境和社会环境。

(3) ①建设幸福广东，必须牢牢把握社会主义先进文化的前进方向。大力发展面向现代化、面向世界、面向未来的、民族的、科学的、大众的社会主义文化。加强社会主义核心价值体系建设。②建设幸福广东，要继承和利用广东优秀传统文化资源，古为今用；同时博采众长，吸收、借鉴其他优秀文化成果。③建设幸福广东，要立足广东改革开放的实践，创新文化内容和形式，创作人民群众喜爱的文化精品；积极开展创建文明城市和创建文明村镇等形式的丰富多彩的精神文明活动。④建设幸福广东，要进一步促进广东文化产业发展，加强城乡文化设施建设投入，大力发展文化事业。⑤青少年要善于辨别各种落后文化和腐朽文化，并自觉加以抵制。积极参与社会、社区、学校、村镇的精神文明创建活动。从身边小事做起，为幸福广东增光添彩。

【解法指要】"幸福"是近年来的流行语。本题从广角度引导考生关注"幸福"。主要设计三个问题。第一问：材料一、二分别说明了什么？属于"是什么"层次的问题。考核考生的概括归纳能力；第二问：结合材料，谈谈建设幸福广东为什么要加快文化强省建设？属于"为什么"层次的问题，考核考生对主要矛盾、先进文化、精神文明等有关知识的理解和组织运用知识能力；第三问：广东文化底蕴深厚，请你结合材料从文化建设的角度，为建设幸福广东提几条合理建议？属于"怎么样"层次的问题，考核考生扩散思维能力，考生需要开阔视野，从多角度思考。

1.5 加快转变

《中华人民共和国国民经济和社会发展第十二个五年规划纲要》明确提出了加快转变经济发展方式的重大战略决策。同学们对如何加快转变经济发展方式了解不多，于是展开了一场探究学习活动。请你参与如下探究活动：

[认知明理]

材料一：2011年3月，广东省省委书记说："广东在经济转型过程中遇到的最突出的问题是自主创新能力不强。"广东省发改委人士也提到，近十年广东科技进步对经济增长的贡献率的增长趋于缓慢。

(1) 材料说明了广东加快转变经济发展方式应该做什么？这体现我国的什么战略？

[理解分析]

材料二：2011年1月13日，首届"南粤功勋奖"和"南粤创新奖"评选揭晓：比亚迪股份有限公司董事长王传福被授予首届"南粤功勋奖"，奖励3000万元；"喜羊羊与灰太狼"系列动漫作品创作与推广团队等被授予首届"南粤创新奖"，奖励500万元。

(2) 广东设立"南粤功勋奖"和"南粤创新奖"与加快转变经济发展方式有什么关系？

[实践探究]

材料三：广州市第四中学的学生小招，从小热爱科学和发明创造，在短短8年里，有15项发明作品，其中7项获国家专利，共获得60多个奖项，其中国际级金奖1个、国家级奖项16个、省级奖项18个。他连续十年被评为三好学生，被推荐为广州市首届"小道德模范"候选人。

(3) 结合材料，请探究在我省加快转变经济发展方式的过程中，中学生应该做些什么？

【参考答案】

(1) 重视和提高自主创新能力；提高科技对经济的贡献率。体现我国科教兴国战略和人才强国战略。

(2) ①广东设立"南粤功勋奖"和"南粤创新奖"有利于加快转变经济发展方式。对广东社会经济和科技创新有突出贡献的企业和个人重奖，目的就是鼓励自主创新，激发和提高企业与个人的科技创新热情、创新动力、创新水平。在全社会掀起科技创新的热潮，从而促进广东实现经济发展方式的转变。②广东设立"南粤功勋奖"和"南粤创新奖"是加快转变经济发展方式的客观要求。因为加快经济发展方式转变客观上要求广东必须实施科教兴国战略和人才强国战略，重视科技创新，重视人才在社会经济发展中的作用，在全社会中形成尊重知识、尊重人才、尊重劳动、尊重创造的社会氛围。而设立"南粤功勋奖"和"南粤创新奖"就是广东重视科技、创新和人才的具体体现。

(3)①材料中小招从小热爱科学和发明创造并取得丰硕成果的事迹,告诉中学生应该:积极探究适合自己的学习方式,积极参与小发明、小制作、小创造活动,提高实践能力,培养自己的创新精神和创新能力,善于观察,敢于质疑,把创新精神和科学求实的态度结合起来。②材料中小招连续十年被评为三好学生的事迹,告诉中学生应该:维护受教育的权利,自觉履行受教育的义务;养成终身学习的习惯,培养终身学习的能力;努力学习科学文化知识,为创新打下牢固的知识基础。③材料中小招被推荐为广州首届"小道德模范"候选人的事迹,告诉中学生应该:努力提高思想道德素质,乐于助人,无私奉献;提高心理承受力,培养积极乐观、自尊自信、艰苦奋斗的生活态度;增强社会责任感,关爱社会,回报社会,养成亲社会行为。

【解法指要】本题引导考生探究体验,体现课改新理念。在广东讲经济转型已经有三年了,但考生对如何加快转变经济发展方式了解得还是不多,于是展开了一场探究学习活动,这样切入话题,由浅入深,从"认知明理""理解分析""实践探究"三个层次进行。本题考核的知识要点涉及科学发展观、科教兴国战略、人才强国战略、精神文明、创新精神、责任感、终身学习、"四尊重"等,是一道既开放又综合的探究题。其中,第一问能简要答出做什么、体现什么即可。第二问要指出"南粤功勋奖"和"南粤创新奖"与加快转变经济发展方式有什么关系,并加以分析理由。第三问要注意从材料中提供的"发明创造""三好学生""小道德模范"等三方面信息来说明中学生应该做些什么,这样才能切题。

2. 巧用中考题　妙探做人理

中考题由专门命题人精心打造而成，是课程标准的集中体现，是对学生"三维"考评的主要依据。往往好的命题内含珠玑，我们应充分利用中考题的资源为教学服务。我巧用中考题妙探做人理，收到了一定的效果。下面以教学"我与他人关系"为例加以说明。

材料：小魏是某校901班的学生。一天，他在上学途中看见一位老人倒在地上，急忙把老人扶了起来，并求助路人呼叫"120"。等医护人员赶到后，他说明了情况，就匆忙地赶到学校，结果被值班老师登记迟到了。小魏所在的班一直是学校的文明班，同学们对他迟到的事都感到非常气愤和失望，班长抱怨地说："你的迟到可能会影响我们文明班的评比！"小魏深感内疚，再三道歉，并把迟到的原因告诉了同学们，班长马上向他表示了歉意和认可，同学们也投来赞许的目光。

请结合上述材料，回答下列问题：

(1) 请你对小魏同学的言行所体现的优秀品质做简要概括。
(2) 班长和同学们得知真相后的言行体现了哪些优秀品德？
(3) 请你简要评析小魏和班长的上述言行。

这是广东省2012年的一道分析说明题。材料很有生活气息，仿佛就是同学们日常生活中遭遇的事情，很是纠结。如何为人处事？如何与人交往？这里大有学问，是一门艺术。我是这样引导学生探究的。

师：小魏同学有什么言行？

生1：一天，小魏同学在上学途中看见一位老人倒在地上，急忙把老人扶了起来，并求助路人呼叫"120"。

生2：小魏等医护人员赶到后，说明了情况，就匆忙地赶到学校，结果被值班老师登记迟到了。

生3：小魏深感内疚，再三道歉，并把迟到的原因告诉了同学们。

师：小魏同学在上学途中看见一位老人倒在地上，他扶起老人，求助路人，等医护人员，说明情况，因此造成了迟到。面对迟到，小魏深感内疚，再三道歉，并把迟到的原因告诉了同学们。请大家对小魏同学的这些言行做出评价。

生4：他及时扶起老人，是积极维护他人生命健康权的表现，是正义的行为。

生5：他求助路人，是善于合作的行为。

生6：当他被大家指责时，他没有推卸责任，也没有闹情绪，而是主动承认错误，理智控制情绪，是敢于负责任的行为。

生7：小魏对同学们的指责，表示内疚并道歉，是理解和宽容他人的行为。

生8：向医护人员说明情况、向同学们说明迟到的原因，是主动沟通求得理解的行为。

师：同学们对小魏的评析全面而具体，很有见解。从中可以看出小魏同学在为人处事方面有许多优秀品质。对这些优秀品质做简要概括，你的概括是什么？

生9：乐于助人。

生10：勇于承担责任。

生11：善于沟通合作。

师：概括得好！对班长的言行又有什么评价？

生12：敢于指出小魏同学迟到可能带来的影响，是维护集体利益、具有高度的责任感和正义感的表现。

生13：当知道小魏迟到的原因时，班长能够主动向小魏道歉，并认可小魏的做法，表现出他宽容豁达的胸襟。

师：责任与角色同在。作为班长维护班集体利益，责无旁贷。对小魏因助人而迟到的问题，能宽容、能道歉，充分认可，公正对待。这是做人的可贵品德。班长和同学们得知真相后的言行体现了哪些优秀品德？

生14：理解、宽容他人。

生15：换位思考，与人为善。

生 16：欣赏他人，赞赏他人。

师：同学们，我们在做题的同时也是在学做人啊。我们在学校、社会生活中，难免有这样那样的人要交往，难免有这样那样的事要处理。小魏他们的为人处事、与人交往所体现出来的可贵品质很值得我们学习！

做题不应只是为了得到分数，更重要的应是明晓做人的道理。巧妙利用好中考题，发挥其内含的效能，引导学生分析思考，能使学生既做题又学做人，还能使道德与法治课堂简约而高效！

3. 以核心价值观引领：明道理、照镜子、正行为

3.1 试题回放

背景材料：2014年2月24日，习近平总书记强调：要切实把社会主义核心价值观贯穿于社会生活的方方面面，使核心价值观的影响像空气一样无所不在、无时不有。同学们对如何践行社会主义核心价值观感到茫然，于是进行了有益的探究活动，请你积极参与。

【明道理】

材料一：社会主义核心价值观的基本内容是：富强、民主、文明、和谐，自由、平等、公正、法治、爱国、敬业、诚信、友善。二十四字核心价值观分为国家、社会和公民个人三个层面。

（1）下列名句（如表10-1）体现了社会主义核心价值观的哪一基本内容？请简要答出做法。（4分）

表10-1

名句	基本内容	具体做法（一个即可）
"天下兴亡，匹夫有责"	爱国	③
"以信立身，以诚处世"	①	考试不作弊
"善学者能，多能者成"	②	认真完成学业
"己所不欲，勿施于人"	友善	④

【照镜子】

材料二：认真观察漫画《责任难逃》（如图10-2），从践行社会主义核心价值观的角度，探究下面问题：

(2) 漫画中司机和乘客的行为对他人和社会有什么危害？

【正行为】

材料三：一年一度的毕业季来临了，毕业生们面对旧教材、旧辅导书、旧工具书、旧校服等；住宿生还有一些旧被褥、盆子等物品，怎么处理才好呢？某校发起"绿色离校，绿色感恩"活动，号召毕业学子，在离校时，以自己独特的方式支持环保和爱心事业。

图10-2

(3) 即将离校的你，谈谈如何做到"绿色离校、绿色感恩"，奉献社会、帮助他人？（至少从两个角度回答）

3.2 试题分析

本题具有较强的开放性、实践性、自主探究性、活动性和综合性，鼓励学生围绕核心价值观的立意，明道理、照镜子、正行为。

明道理，就是理解明白社会主义核心价值观的基本内容及其分为国家、社会和公民个人三个层面。本题考核学生，"以信立身，以诚处世""善学者能，多能者成"两个名句体现了社会主义核心价值观的哪一基本内容？属于理解层面的要求；对"天下兴亡，匹夫有责""己所不欲，勿施于人"写出具体做法，属于运用层面的要求。

照镜子，就是能把核心价值观作为标尺对照言行进行是否相符的正确判断。本题要求学生认真观察漫画"责任难逃"，然后从践行社会主义核心价值观的角度，探究漫画中司机和乘客的行为对他人和社会有什么危害？这考核学生的观察能力、判断能力和分析说明能力，属于理解运用层面的要求。

正行为，就是能按照核心价值观要求做的积极去做，禁止做的坚决不做。

本题考核学生，在即将离校时刻，自己如何做到"绿色离校，绿色感恩"，奉献社会、帮助他人？这是培育和践行核心价值观的具体行动，是理论联系实际，学以致用的具体体现，是道德与法治课程的教学落脚点和归宿点，属于运用层面的要求。

3.3 参考答案

（1）①诚信。②敬业。③如：看报纸听新闻、关心国家大事；升旗时唱国歌；认真学习、提高自身素质；爱护环境，不乱丢垃圾等。④如：扶老人过马路；辅导同学做功课；见到老师主动打招呼等。

（2）司机和乘客的行为违背了文明、和谐、公正、法治、诚信、友善等社会主义核心价值观的基本要求。①对他人：司机和乘客的行为都是对他人不负责任的表现，危及他人生命健康，会给他人的生命健康和家庭带来不幸。②对社会：司机和乘客的行为是缺乏社会责任感的表现，败坏社会风气。不利于营造"我为人人，人人为我"的和谐美好社会。

（3）①自觉履行保护环境的义务，爱护校园环境，不乱扔垃圾，不做破坏校园环境的行为等。②学会感恩，不破坏公共财产，不做有损学校利益的事，懂得回报学校和老师的培育之恩。③奉献爱心、培养亲社会行为，学习志愿者精神，热心公益。可以将有用的学习和生活用品捐赠给师弟妹及其他有需要的人，也可以将这些物品回收变卖，收入捐献给救助团体。④用实际行动践行"文明、和谐、法治、爱国、诚信、友善"等社会主义核心价值观。

3.4 教学反思

中考是初中三年教学大检验，是评价平时教学的一把尺。我们只有通过认真分析中考试题，才能更好地做好平时的教学工作，促进学生素质的全面发展。

第一，要全面把握核心价值观指导作用。要全面把握"核心价值观"在初中道德与法治课程的地位及作用，"从教育教学过程抓起"，用核心价值观全面指导道德与法治课的教育教学。

第二,要紧密体现理论与实际相结合。要以学生道德认知、道德情感及道德实践水平为基础,选取学生关心的、具有教育意义的现实问题、实际事例作为主要素材,使之更具典型性和教育性,避免空洞说教。

第三,要切实突出思考性和实践性。要设计开放性的、形式多样的、具有思考价值的综合实践问题,以激发学生自学的热情,培养学生探究、分析运用等能力。

4. 综合开放　启思导行

4.1　试题回放

材料一：广东省某市公安机关的统计报告显示，当前该市未成年人违法犯罪中，没有预谋的、只是一时冲动而违法犯罪的占82.7%。未成年人步入歧途与交友不当、容易被人利用而意气用事有关，也与旷课、打架斗殴等不良行为有关。

材料二：2008年初，中央综合办和中国青少年研究中心在全国范围进行了闲散未成年人犯罪情况的调查，对其中2000余名闲散未成年人进行抽样调查。结果如表10-2：

表10-2　闲散未成年人犯罪与不良行为的关系

不良行为的平均开始年龄	不足12岁的	12岁以上不足13岁的	13岁以上不足14岁的	超过14岁的
不良行为的数量	1种	3种	5种	1种
所占总人数比例	10%	30%	50%	10%

(1) 材料一、材料二分别说明了什么问题？
(2) 请结合上述材料，分析上述问题产生的原因。
(3) 要解决上述问题，你有哪些好的建议？

4.2 试题分析

这是2009年广东省初中毕业生思想品德学业考试第30题分析说明题，试题设计从初中学生的认知水平和生活实际出发，注重学生终生发展所需的必备知识，注重与社会实际和学生生活实际的联系，注重学生在具体情景中运用所学知识分析和解决具体问题的能力培养，注重考查学生通过思想品德课的学习逐步形成正确的世界观、人生观、价值观和基本的善恶、是非观念。

第一问主要考查学生的分析归纳能力，共两个层次：一是要求考生从材料一中归纳出未成年人违法犯罪与什么有关；二是要求考生从材料二表格中归纳出"闲散未成年人犯罪与不良行为的关系"的结论。可以这样归纳：材料一说明该市违法犯罪的未成年人中，与其情绪冲动和不良行为有关；材料二说明闲散未成年人走上违法犯罪的道路，是从不良行为开始的，而12至14岁是不良行为的高发阶段。

第二问主要也是考查学生的分析归纳能力，考生应学会从材料中提取有效信息，如"一时冲动""意气用事""违法犯罪""交友不当""不良行为""平均开始年龄"等，通过这些有效信息可以从心理、法律、交友、行为习惯等角度归纳原因。可以从这几方面归纳：①正处于青春期，控制不良情绪的能力较差，容易冲动；②法律意识淡薄，没有认识到违法犯罪的危害；③没有认识到不良行为的危害，没有及时矫正不良行为；④交友不当，受到损友的不良影响；⑤明辨是非和正确选择能力较差等。

第三问主要考查学生在具体情景中运用所学知识分析和解决具体问题的能力。考生应在分析上述问题产生原因的基础上，提出有针对性的建议，才是好的建议。如①学会调控情绪，做情绪的主人，培养良好的心理品质；②要学法懂法，做知法守法的好公民；③提高道德素养，铸造判断是非善恶的良知标尺；④要知道不良行为发展下去，就可能导致违法犯罪，要自觉矫正不良行为，自觉抵制不良诱惑，防微杜渐；⑤要慎交友，交好友，热情帮助有不良行为的同学，共同进步。也可以从社会、学校、家庭、自身等多角度思考。

4.3 深层思考

这是一道体现新课改精神的好题,深入思考,有如下三点启示:

1. 要重视综合性。从问题设置来说,此题考查了"是什么""为什么""怎么样"三个层次综合性的问题;从考点知识来说,此题涉及的知识有"心理""法律""道德""交往""责任"等多方面的综合性知识。这告诉我们,要学会综合思考问题,要学会综合掌握知识。

2. 要重视实践性。此考题内容源于社会调查,贴近学生生活实际,创设了生活化的情景问题,引导学生思考和践行。这告诉我们,要学会理论联系实际,要学会实践性地思考和实践性地分析问题、解决问题。只有鼓励学生在实践的矛盾冲突中积极探究和体验,才能通过道德践行促进思想品德的形成与发展。

3. 要重视开放性。开放性体现在答案不是唯一的,但是是有建设性的,可以是独到的见解。这告诉我们,要学会灵活开放的思维方式,要学会从材料情景中提取有效的信息进行多角度的思考。

(本文发表于《中学政治教学参考》2010 年第 5 期)

十一、且行且思

慧教学永无止境。在今天"互联网+"时代,以科学理论为支撑,以新技术为平台,以学生为中心,构建一个开放的、互联的、高效的智慧课堂成了必然要求。要通过慧教学不断地探索,用新方法、新方式,全力助推学生的个性发展和综合素质的有效提升。

1. 课堂魅力从何而来

道德与法治课既是科学，也是艺术，它有其内在的魅力。何谓魅力呢？从心理学角度来看，魅力是一种悦人心目、牵人情思的吸引力、是一种扣人心弦、动人心扉的感染力。对学生来说，魅力是强大而持久的人际吸引力，精神感召力、智慧开发力和学习内驱力。对教师来说，魅力是人格力、幽默力、审美力、智慧力，是情、趣、美、理的综合实力。我从教师的角度，浅谈道德与法治课的魅力从何而来？

1.1 来于情

"感人深者莫先乎情。"情即情调，是一种韵致，是一种磁力。教师有这种韵致，就能放下架子，走近学生，与学生共学习、共生活，同喜怒哀乐。教师有这种磁力，就能以自己的言行，给学生做良好示范，给学生指点迷津。

这样，教师既是学生的益友，又是学生的良师。李白诗云："桃花潭水深千尺，不及汪伦送我情。"教师热情、激情、深情若此，学生能不为之感动吗？可见，道德与法治课要具有魅力，首先就要求教师善于动之以情。

1.2 来于趣

"兴趣是最好的老师。"道德与法治课兴趣何来呢？原因是多方面的，其中与教师是否幽默有关。如果教师富于幽默，就能善于创设饶有趣味的学习情境，使学生学有所乐，学有所获。

例如，幽默可排除干扰，使学生集中注意力。今年春天，我校扩建，工地离教室很近。打桩响声轰隆，学生稍不留神，注意力就会分散。一天，最后一节课，我正在上"公民依法享有批评、建议权"，我问学生，学校建教学大楼没有监督行吗？（不行！从学生回答看出他们对这个问题感兴趣）我说，现在打桩，要打24米深。如果没有监督，他们就会——偷工减料！（学生回答）也许，他们只打2.4米就不干了。（学生笑）这样建起来的教学大楼，没有到顶就像意大利的比萨"斜塔"了。（学生笑）这多好，学校可开发旅游景点，我们可以当"导游"！（学生笑）可是，这建筑队没有让大楼"斜而不倒"的法术，（学生笑）大楼斜了，接着就"轰然"一声倒啦！（学生大笑）可见，监督多么重要！今天，我们学习批评、建议权就是监督权的一种。要不要认真学好这节课的内容？（学生答：要）这样的即兴幽默，情与景交融，妙极了！一下子把学生的学习兴趣调动起来，注意力也就集中了。

又如，幽默可化繁为简，助学生解决疑难。有一次，我在讲述"可持续发展"的内容时，发现有学生不理解。怎样简单明了呢？我以课本第63页漫画（见图11-1）为例做幽默处理，收到了极佳的效果。现在虽然过去半年了，但学生对这幅漫画的对话，依然记忆犹新，还常挂在嘴边，作为闲聊时的口头禅。

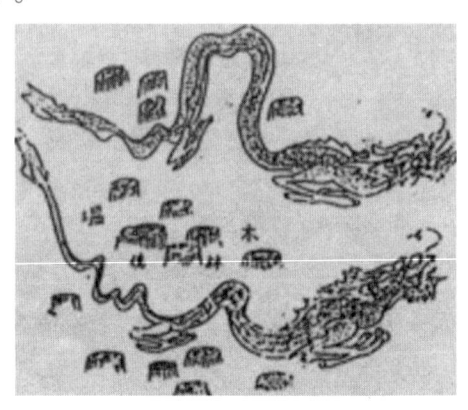

图 11-1

我说，像这幅漫画所描绘的"发展"，就不是可持续发展，而是不发展。照这样滥伐下去，有一天，我们的珠江，也会在呼叫：黄河、长江，我是"黄江"！（学生大笑，注：我校是黄江中学，在珠江下游。故学生大笑）

以上两个幽默例子充分说明，道德与法治课要具有魅力，就要求教师善于以幽默引趣。

1.3 来于美

"爱美之心,人皆有之。"美之所在,也是魅力之所在。道德与法治课美在哪里呢?在于课程教学的内容之美,形式之美,以及它的活动过程之美,在于教师语言美、形象美、教态美,甚至是创造设计之美。

例如,我把初二法律常识的前言精心设计为:以书本第3页漫画(见图11-2)作为开篇课的切入点,引导学生欣赏漫画,启发思考"视而不见",反思"视而可见"。不知不觉之中,学生体会到原来学习法律是如此的重要和必要啊!学生陶醉在漫画的欣赏中,这不是一种美育吗?

图 11-2

又如,"公民在婚姻家庭关系中的权利和义务",我对这课做了整体教学设计,我以案例"小张的父母早亡,被人合法收养。后来养父母有了亲生儿子,就视小张为多余孩子,经常对她拳脚相加,不让她上学。她18岁那年,养父母在邻村给她找了个男人,在村干部的参与下,摆了几桌酒席,宣布结为夫妻,小张养父母的做法对吗?为什么?"引入,指导学生进行探究性学习。启发学生在探究学习中,把课本的法律知识与案例材料联系起来。根据案例问题的解答,我把这思考过程进行创造性设计。如图11-3和图11-4"→"表示演绎法顺向思考得出小张养父母违法的结论,"←"表示分析归纳法逆向思考得出小张养父母违法的结论。

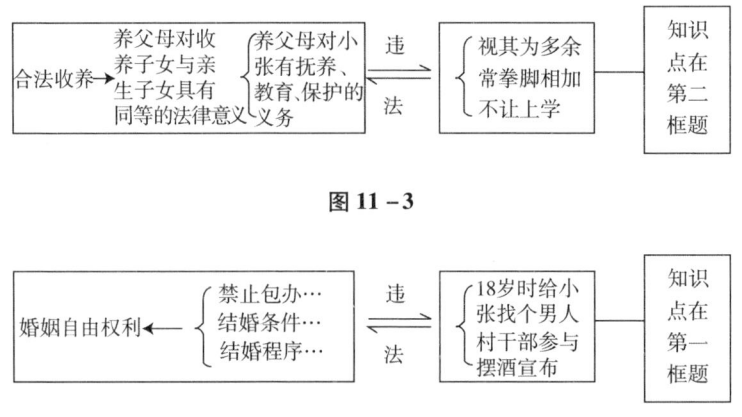

图 11-3

图 11-4

这种创设的美,使学生爱上了"她"。探究法学习,真是乐滋滋的。

以上的例子告诉我们,课本不是缺少美,关键是有没有发现美。所以,道德与法治课具有魅力,还要求教师善于发现美并能创设美。

1.4 来于理

道德与法治课最大的魅力就在于它富有"理"。这种"理"表现在中学道德与法治课是一门综合性极强的课程,它直接关注民生、关注社会,对学生今后工作和生活有理论性的指导意义,如心理知识,品德修养,法律常识,基本国情,经济常识,哲学常识,政治常识等,这些知识无不闪耀着人类理性思维的光芒!

马克思说:"理论只要说服人,就能掌握群众,而理论只要彻底,就能说服人。"例如,跟学生讲早恋问题,要让学生懂得:中学生不宜早恋,早恋有害。怎样使学生心服口服呢?上课时,我拿来青葡萄请学生吃。学生惊诧:这节课怎么了,彭老师请客?学生们剥皮吃着,"好酸呀!""是酸",我讲,"这节课还有更酸的呢——早恋问题。刚才,吃未熟的葡萄酸得很。早恋也是这样。中学生过早恋爱,也是酸而有害的。"有学生对我说,"可是,有人早恋并不像书上所说影响学业,有的后来还事业有成",学生还列举了例子。对此,我也举了一个例子"有的人乱穿马路并没有被车子轧死,甚至也没有碰伤,能否以此为据断言，交通规则做出'行人过马路应走人行道'的规定是不必要的"。我进一步辅之以个别不能否定一般，偶然不能否定必然的哲学道理来说明早恋有害问题，学生们就心服口服了。可见，道德与法治课要有魅力，就要求教师有较高的理论水平，并且要善于晓之以理。

  事实证明，教师有情、趣、美、理的综合实力，就能让道德与法治课魅力无穷。而道德与法治课能充分发挥其魅力，就会焕发出无尽的生命活力。让我们为之努力吧。

（本文发表于《广东教学研究》2001 年第 9 期）

2. 拙文弄成篇虽短　单元小结韵却长

温家宝总理说，信心比黄金还要宝贵。为什么呢？我想起两则小故事。

故事一：有一位小孩，由于学习成绩差，老师和同学都看不起他，他很自卑。一次，父亲带他去动物园，那些关老虎、狮子等大动物的笼子旁，都站着很多人围观、欣赏，而那些关猴子、狸猫等笼子旁，却冷冷清清，无人问津。看到这里，孩子感叹起来："唉，还是做大动物好啊！""为什么？"父亲问。"因为大动物比小动物强。比别人强，就有人欣赏，就有人捧场。"孩子说。父亲想了一会儿，对孩子说："不能这样认为，大动物有大动物的强，小动物有小动物的强，它们各自强的方面不同。人和动物一样，都有各自不同的天赋和本领。"

从动物园回来，孩子就开始反思自己，难道自己就没有一点强项吗？在父亲的帮助下，孩子终于发现自己具有画漫画的天赋，从此专心致志把漫画当作一生的追求，成为著名的画家。

这告诉我们，每一个人都有自己的强项，不要只看到别人的长处，而忽略了自己的长处，更不要拿自己的短处同别人的长处相比。人要自信，贵在发现自己所长。人生发展的方向，是扬长避短，是倾其所能提升所长。

故事二：一个盲人曾经到处求医，想治好自己的眼睛。后来，有人告诉他，从现在开始弹琴，弹断一千根琴弦，眼睛就好了。他信以为真，每天都在琴声的陪伴中度过，逐渐迷上了弹琴，感到自己的生活充实了，人也变得乐观起来，甚至不再想自己是个瞎子。一千根琴弦弹断了，他的眼睛并没有亮起来，可他却不再求医了。因为他对生活充满了自信，意识到自己有很多潜力，完全可以弥补身上的不足，使生活充满情趣和欢乐。

这告诉我们，一个人要专心做一件事情，别看事情小，只要进步了，就是了不起的成绩。经常体会点点滴滴的进步与成绩，就是不断为自己喝彩，为自己鼓励。这样就会油然升起一种肯定自己、欣赏自己的感觉，从而对自己充满信心，有足够的勇气面对生活，迎接挑战，迎接成功的未来。

自信是一种乐见自己所长的发现，是一种用心做事的专注，是一种神奇的力量。自信有助于成功，同学们赶快扬起自信的风帆吧。

如果说教学是放，那么单元小结就是收。单元小结如何收为好呢？我觉得，应由内容来决定，或简约，或拓展。但，简约意要丰，拓展韵宜长。在教学"扬起自信的风帆"时，我做了拓展的新尝试——写篇《自信的力量》的小结性文章。学生出于好奇，激发了浓厚的兴趣，他们争相传读，收到了拓展单元知识的效果。

3. 对一名有心理问题的学生的行为分析

3.1 案 例

某日早上约九点（第一节下课），初一男生小奇（化名）手拿一把长50多厘米、质量约1.5千克的大刀（事前，用行李袋包着混进校园，藏在操场的沙池里），来到同年级某班门前寻找小东（化名）。当他发现小东时，左手抓住其胳膊，右手举起罪恶的大刀——此刻，"小东"忽然转身，小奇突然发现抓错了人，罪恶的刀才没有砍下来。之后，学校领导、班主任找来家长对其进行教育，使其认识错误并写下悔过书，保证再不重犯。可是，过了两天，他又从家里拿来一把菜刀，装在书包里，再次伺机砍杀小东。

3.2 干 预

事态的严重性引起了学校的高度重视，决定联系教办、关工委、公安部门、村委会等社会力量联手对小奇进行心理干预。下面是王主任对小奇的心理干预：

王：你知道用刀砍下去，会有什么后果？

小奇：死人！

王：那还敢拿刀来？

小奇：我就是想砍死他！（有点嚣张）

王：为什么？

小奇：为什么要告诉你？

王：我想帮助你。何必要砍死人呢？

小奇：打伤了要赔钱，打死了也是赔钱，一不做二不休。（自以为有理）

王：为什么呢？

小奇：去年，我与张强（化名）打架，打破了他的头，结果赔了700多元的医药费。

王：他因为什么得罪了你？

小奇：不告诉你。

……

整个干预的过程，小奇始终不愿意配合，时而仇视王主任，时而怒视天花板，时而闭目不理，时而说道："为什么要跟你说？你是我什么人？"这些表现，显示出其性格的孤僻和倔强。小奇为什么会这样？

3.3 原 因

从班主任、学生那里了解到，小奇这两次打人都与某女同学有关。第一次，小奇看不惯小东与该女同学谈话；第二次，小奇又发现小东欺负该女同学。小奇与该女同学到底是什么关系？班主任找到该女同学，经了解，该女同学并不认识小奇，更谈不上交往。小奇为何为一个并没有交往的女同学两肋插刀？是不是陷入了自作多情的单相思？

单相思又称单恋，是以男女之间一方对另一方一厢情愿的倾心与爱慕为特点的畸形感情。单恋心理分无感和有感两类。无感单恋是指单恋对象毫无察觉，多发于性格内向的人，在内心深处十分爱恋对方，但又羞于表达。无感单恋的产生多是单恋者把对方的关怀、爱护、友情误认为爱情所致。

青少年心理尚未成熟，单恋现象比较常见，且较多地出现在内向、敏感、富于幻想、自卑感强的人身上。首先是自己爱上了对方，于是也希望得到对方的爱，在这种具有弥散作用的心理支配下，就会把对方的亲切和蔼、热情大方当作是爱的表示，并坚信不疑，从而陷入单恋的深渊，不能自拔。

小奇内向、敏感、富于幻想、自卑感强，他的单相思显然属于无感单恋，带有某些偏执的成分。

小奇为何不同心仪的女孩交往或者表达自己的爱慕？

主要有两个原因：一是受父亲的影响：小奇很小的时候就失去了母亲，在小奇看来是父亲对母亲的爱护不够而使母亲被人害死的。父亲深感内疚，自此不再婚。另一是畏惧心理：女孩的家境较好，而小奇的家境很差。因此，小奇对自己心仪的女孩怀有高不可攀的畏惧心理，只能将深情隐隐地藏在心里。但是，小奇又从家庭悲剧中吸取教训，所以，绝不容许他人对自己心仪的女孩有所侵害。

3.4 启 发

小奇的错误行为，引人深思。

1. 家庭教育的缺陷是子女形成不良个性的基础，潜伏着青少年走向违法犯罪的危机。

小奇自小母亲受害身亡，父亲的内疚，给小奇埋下错误的"种子"。在小奇看来，母亲的死是父亲没有实施保护的结果。所以，小奇吸取教训，对自己心仪的女孩加倍"保护"。另一方面，父亲长期不再婚，也为小奇的单相思树立了"榜样"。父母是子女的启蒙老师，家庭的教育培养，深刻影响着子女人生观、道德观的形成，家庭教育的缺陷是子女形成不良个性的基础，潜伏着青少年走上违法犯罪道路的危机。

2. 法制道德教育滞后，致使一些青少年缺乏是非、荣辱、善恶观念，分不清罪与非罪的界限。

"打伤了要赔钱，打死了也是赔钱，一不做二不休。"这是小奇说的话，暴露出其对法律的无知。近年来，中小学虽然设立了法律知识和品德教育课，在社会上也开展"送法上门""法律进家"等多种形式的普法教育活动，但在力度上还有欠缺，在面上还有死角。青少年自身更是不重视此方面的学习。因而，致使一些青少年缺乏是非、荣辱、善恶观念，分不清罪与非罪的界限。

3. 男女同学之间的情感，需要慎重对待、理智处理。

随着青春期的到来，学生的生理和心理都发生了一系列的变化。开始关注异性，渴望接触、了解异性，甚至可能萌发对异性的好感或爱慕之情。这是正常、自然而美丽的事。需要学会理智的交往。

4. 心理健康教育任重而道远。

青少年的健康成长离不开家庭、学校和社会的正确教育和培养。人在青少年时期，随着生理、心理的发育成熟，社会阅历的扩展及思维方式的变化，容易在学习、生活、人际交往、自我意识和升学就业等方面，遇到各种心理困惑和问题。当前，青少年的心理健康状况不容乐观，心理素质亟待提高。为此，以德育人、以心育德，势在必行，刻不容缓。

我们要把青少年心理健康教育工作摆在青少年教育工作乃至精神文明建设的突出位置，精心组织开展，确保取得成效。

4. 策动、互动、灵动、行动

智慧课堂,首先是有效的课堂,学生学有所得,素质得以提升;其次是低投入高产出的课堂,是简约的课堂,学生能发挥潜能,学习积极性高;最后是教师专业成长的课堂,教学能相长。下面以"依法参与政治生活"(九年级人教版)为例,谈谈构建智慧课堂的策动、互动、灵动、行动的做法。

4.1 课前策动

4.1.1 导言

参与政治生活与我们初中学生相关吗?有人说,政治生活离我们很远。其实不然,政治生活的内容是十分广泛的。我们关注国家建设、国家管理,既有大的方面,也有小的方面,例如,关注身边的社区环境、秩序、治安等公共事务就是政治生活的一部分。可以说,深入社区群众中去调查了解社情民意,也是在参与政治生活。请你参加一次社情民意调查。

4.1.2 方案

表 11-1

调查对象	
反映问题	
解决问题的建议	
你打算用什么渠道反映这社情民意	

上述导言娓娓道来，说明了政治生活与初中学生是有关的、贴近的，目的是鼓励和引导学生参与社情民意的方案调查。寥寥数语，意味深长。可以说，课前策动就是引导学生做好课前的准备，如做好预习、调查、实践等工作。课前策动对于学生知识的储备、经验的唤醒和拓展、兴趣动机的培养等具有一定的促进作用。

4.2　课中互动

4.2.1　互动一：汇报

先由学生在小组中分享交流调查的情况，然后由小组长代表小组向全班做简要汇报。让学生分享参与调查的成功喜悦。

4.2.2　互动二：慧眼

材料：小中是位细心好学的学生。在学习"依法参与政治生活"一课时，他就课文第86页（人教版）提到美国"雅虎"网页上所展示的中国地图的事专门搜来了该地图并展示给大家看。

（1）你发现了什么问题？

这问题引起学生的注意和兴趣。学生看着图，思考问题，多么想有所发现啊！学生们跃跃欲试。当学生能把地理课上学习的相关知识调动出来，就会发现"雅虎"网页上标示的中国地图的"CHINA"和"TAIWAN"字迹一样大的问题。老师借着学生的发现，由表及里，启发学生：这使人产生什么误会呢？哦，实质是把台湾从中国分裂出去！

（2）某中学生当即指出"雅虎"网站的错误，并要求其立即修正错误。这位中学生尽到了什么义务？这给我们什么启示？

问题（1）的发现成就了问题（2）的思考，这两个问题都是在让学生学习理解维护国家安全的政治义务的内容。这样发现式的学习思考，培养学生炼慧眼，长知识，提高维护国家安全的意识和能力，进而懂得：公民发现危害国家安全的行为，应及时向国家安全机关或公安机关报告；公民要配合国家安全机关工作，为国家安全机关执行公务提供便利条件。

4.2.3 互动三：探究

材料：2013年11月3日，小中所在的小区"富康花园"几十辆业主的车停在大门口，致使交通拥堵。小中觉得，作为小区的主人应该关注社区的公共事务。热心的小中迅速了解到，原来管理处对车位由只租不售改为只售不租，售价11万多，且仅有使用权，没有产权，对此业主难以接受，因此，集体抗议。

教师别具匠心，把学生社情民意调查的材料编写成有趣的小故事，由"小中"这个人物把互动二与互动三的活动串联了起来。设计的问题像层层思维的浪花，不断地拍起学生探究的涟漪。

（1）小中关注社区的公共事务，是在行使公民的什么权利？你了解的政治权利有哪些？

这个问题设计的目的在于拓展学生学习的内容。2011年新课标对本课教学的内容标准是：了解建立健全监督和制约机制是法律有效实施和司法公正的保障，加强公民权利意识，学会行使自己享有的知情权、参与权、表达权、监督权。但2013年5月人教版第四版教材没有做出相应的调整。据此，老师编写了"学习案"增加相应的内容。这样，很自然地引导学生学习新增的知情权、参与权、表达权、监督权的相关内容。

（2）业主集体停车抗议致使交通拥堵，这种做法妥当吗？为什么？

这个问题判断容易，说理由难。教师不急于让学生回答，而是引导学生进行小组讨论交流，这样生生互动，更容易激活思维。于是，学生就问题的情景，谈妥不妥当的理由。学生会理解到业主集体停车抗议致使交通拥堵，影响了别人正常的出行。不妥当之处在于，他们没有在法律允许的范围内正确行使权利，损害了国家的、集体的、社会的利益，也没有尊重他人的权利。从而更深层次地理解，公民行使政治权利要合法有序、要实事求是的道理。

（3）小中认为"管理处对车位由只租不售改为只售不租，售价11万多，且仅有使用权，没有产权"是不合法的，既然是没有产权的，就不能出售。于是，小中想帮助业主维护合法权益。此时，你认为，小中行使建议权、监督权的渠道有哪些？

一般来说，行使建议权、监督权有三个渠道：人大——通过人大代表或直接向各人大常委会反映；部门——采用书信、电子邮件、电话、走访等方式向有关部门反映；媒体——通过电视、广播、报刊等媒体进行监督。设计此问，目的是启发学生，要根据实际情况来确定。如可以既向媒体爆料，又可以向相关部门反映。更可喜的是，十八大以来，党和政府加快了依法治国步伐，网络参政议政的渠道更加便捷。教师就在教学中向学生介绍了东莞门户网有关页面内容（如图11-5），拓宽学生民主政治的新视野。

图 11-5

以上互动，教师精心编写情景小故事，精心设计情景小问题，环环相扣，峰回路转，思维激荡。由此看来，课中互动就是在创设的一定教学情景中师生、生生之间的多维活动，是思想相互碰撞，知识与信息相互交流的过程。师生、生生之间讨论、交流，不同观点的交锋，补充、修正、加深每个学生对问题的思考和理解。

4.3 个体灵动

"通过这节课的学习，你有什么收获？"

此问一出，又激起浪花千朵。谁没有收获呢？只见学生都跃跃欲试。"学而不思则罔，思而不学则殆。"个体灵动，就是把学与思结合起来，触发学生的灵感。教学中，触发学生的灵感，可以表现为学生在课堂上能够思考问题、分析问题并解决问题；可以表现为学生在课堂上能够勇于发言，有自己独特的见解，并能够对权威和他人的观点提出质疑；也可以表现为建构自我知识体系，并形成一定的能力等。

4.4 课后行动

要求学生把自己调查来的社情民意进行归纳整理,形成一个简单的提案。并尝试向媒体、有关部门反映,求得问题的解决的过程。

这个环节的设计,目的是引导学生依法参与政治生活,学着尝试,活学活用。由此看来,课后行动就是引导学生通过实践把课堂中学到的知识、观念内化为一种行动,知而后行。这样,有体验的行动才是最为深刻的、有意义的。

5. 三环三学，在启中发

"让生命之花绽放"是引导学生进行生命意义教育的很好课题，也是践行社会主义核心价值观，实现中国梦的要义所在。我精心设计，用心启发，引导学生在发现中感悟，在感悟中体味"让生命之花绽放"的过程。

5.1 预学——引入，言简意赅

预学，即预习性的学。进行预习性的学，引入，言简意赅最佳。
师：世界因什么而精彩？
生：生命。
师：同学们让生命之花绽放世界会……？
生：更精彩！
点评：第一问"世界因什么而精彩？"是前面知识的复习。第二问"同学们让生命之花绽放世界会……？"彰显出一种美好的愿景，开启学生让生命之花绽放的愿望，达到了复习旧知、启航新知的目的。

5.2 研学——探究，峰回路转

研学，即研究性的学。启发学生在问题情景中探索研究，层层深入，如峰回路转。

5.2.1 探究1：怎样对待生命？

师：大家来看一看——图（如图11-6）中这几个男孩在干什么？

生1：在草地上玩。

生2：在爬树、在踢球。

生3：在践踏小草。

师：如果你从这里经过，让你说说劝告的话，你会对他们说些什么？

生4：不要爬树、踢球。

生5：不要践踏小草。

师：为什么呢？

图11-6

生6：小草很脆弱，容易受伤害。

生7：小草也是生命，生命都是有价值的。

生8：生命之间是息息相关的，伤害小草最终也会伤害我们。

师：那么，我们应该怎样对待生命呢？

生9：我们要肯定生命、尊重生命、关爱生命。

点评：看图说话，此图是学生日常生活的情景：在草地上玩。让学生观察，让学生反思，让学生说出"不要践踏小草"的话。由点到面，归纳出"我们要肯定生命、尊重生命、关爱生命"的道理。有发现就会有收获。

5.2.1 探究2：假如……你会向他说些什么？

师：假如，爬树的男孩不幸摔倒导致骨折，痛不欲生。作为男孩的朋友，你会向他说些什么？

生10：要坚强。

生11：生命是顽强的，疼痛很快会过去的。

生12：讲些故事。

师：会讲什么故事呢？

生13：两名矿工到井下检修，不料矿井塌陷，矿工被困井下。他们在井下仔细搜寻,也没有找到出路。身陷绝境的他们没有因此放弃生的希望。他们在井下互相勉励:"现在我们能做的就是利用一切机会等待外面的救援,争取能活着出去。没有吃的、没有喝的,我们都不怕,怕的是没有信念。只要坚持下去,就一定有希望。"求生的渴望、顽强的毅力挑战着生理的极限……九天八夜后,他们终于获救,创造了生命的奇迹。

师:你说的故事启发我们,无论何时何地,无论遇到多大挫折,都不要轻易——

生13:放弃生的希望。

点评:转换话题,做假设性的思考,启发学生心怀爱心,伸出爱手,在学会说理中学会说暖心的话。

5.2.3 探究3:生命的意义在哪里?

师:我们活着要肯定生命、尊重生命、关爱生命,还要永不放弃生的希望。怎样活着才算有意义、有价值呢?请看何玥的事迹。(播放视频)

师:(播放视频后)当何玥听说自己的生命只剩三个月时,她决定将自己的什么捐给三个人?

生14:器官。

师:捐出了一肝二肾,救活了三个人。其中一个是藏族小伙子,何玥义举为民族团结做出贡献。司马迁说:"人固有一死,或轻于鸿毛,或重于泰山。"有人认为,何玥年纪轻轻就死了,她的死轻于鸿毛。你赞成吗?为什么?(学生沉思一会儿)

生15:不赞成。因为生命的意义不在于长短,而在于对社会的贡献。

生16:不赞成。因为何玥的生命虽然已经结束,但她捐献一肝二肾,救了三个人的命,还为民族团结做出贡献。何玥一直受到被救活的三个人的崇敬与追念。何玥的奉献精神,也深深地感动着我们,是我们学习的榜样。

点评:引导学生看视频,启发学生从何玥动人的事迹中感受榜样的力量。引导学生做辩论,从思辨中体会生命的意义。这样就把深奥的生命意义的道理浅显化了,达到了通俗易懂的效果。

5.2.4 探究4:怎样提升自己的生命价值?

师:生命是有价值的。那么,我们应怎样提升自己生命的价值?在我看来,提升生命价值一是要有爱心，二是要有行动。大的如何玥的义举，捐出器官，大爱无私。小的如劝告小男孩不要践踏小草，安慰爬树的男孩不要轻易放弃生的希望。大家不妨来讨论一下自己要怎样做吧。（小组讨论）

生17：我要节约用水……

生18：我要帮助父母做家务……

生19：我辅导同学做作业……

生20：我要努力学习……

……

师：当我们从身边小事做起，点点滴滴的行动都是在提升自己生命的价值。积小善为大善，生命的意义就是在奉献中提升了价值！

点评：品德的形成是一个知情意行的过程。引导学生来认识，动感情，经困难，立意志，有行动。这些交汇起来，就有了浓浓的思想品味！

5.3　验学——小结，诗韵悠悠

验学，即检验性的学，或拓展，或概括，或收或放，自然为妙。

师：老师不擅长写诗，但在备这节课的时候提笔诗成。现在请同学们来朗读，作为本课的小结。如果大家觉得还行，就给点掌声鼓励一下如何？

让生命之花绽放

人的生命只有一次，
永不放弃，
肯定生命、尊重生命，
这是我们必须树立的态度。

人的生命只有一次，
由生到死，
有的长、有的短，
这是我们难以把握的尺度。

人的生命只有一次,
超越自我,
提升生命的价值,
这是我们可以选择的高度。

花开最美,
花开芬芳,
既然我们来到了人世间,
我们就要让生命之花绽放!
点评:以诗作结,别出心裁。老师写诗,学生朗读,既使学生心生亲师之情,又使学生心存敬佩之感。

6. 珠海淘"宝" 别有收获

——全国优质课的观摩、见识与思考

这是新课程标准修改之后,首次全国道德与法治优质课观摩与展示活动。33名参赛选手,融汇了各省(包括兵团)道德与法治课教学的最新研究成果。对全国政治老师来说,这是思想的盛宴、学术的殿堂。我们满怀着淘"宝"的想法,汇聚珠海。这次比赛,组委会精心安排,统筹有序,会场设在珠海市文园中学,分3个现场,各11节课,仿佛把珠宝分室陈列,让人自由观赏!许多老师手拿着会务指引手册,掂量着听谁的课。在人头攒动的时刻,虽说听课可以自由选,但总觉得有遗憾。听得这节,又漏掉另外两节。多想全部听到啊,只恨没有分身术。下面是我淘来的"宝",融合了我今后的教学设想,别有一番收获。

6.1 气氛:要更和谐融合

海南李绵山老师的《日新又新我常新》这节课中,李老师主动地参与学生自我认识的讨论。李老师是位高大而消瘦的人,有点腼腆。他说:"我是一个胆小的人,特别是有老师来听课的时候,我就更放不开了,我觉得我也要不断地去挑战自我。"这看似不经意的一句话,却有如神来之笔,是李老师有真情实感又不失幽默的体现。它打消了学生的思想顾虑,增强了学生的信心,使学生心情放松地进入课堂讨论中,同时又拉近了学生与老师之间的心理距离。接着,李老师给学生家长打电话,语气是那么亲切,态度是那么亲和。他说:"您是怎样看待您的小孩?"多么和谐的气氛啊!刚刚接触陌生人,人们出于本能的安全需要，会产生防范意识，这种意识使得人们不会轻易向陌生人敞开心扉。参赛教师和学生之间本来就陌生，再加上这样隆重的场合，学生自然更加拘谨。这就要求教师有较强的沟通能力，李老师不愧是位有丰富教学经验、善于沟通的教师。

在注重师生互动的今天，我们要营造更和谐融合的氛围，师生才能做到真诚有效的沟通，才能拉近彼此之间的距离，为构建良好课堂教学提供必要条件。

6.2 设计：要更富于创新

浙江刘彩萍老师的《我们享有广泛的权利》这节课，精心设计，匠心独运。刘老师手拿着扑克，问："请大家猜猜，老师手里拿的是什么？"然后请四位同学帮忙发牌，说："你发现老师带来的扑克牌和同学们平常见到的有何不同？"这是一副有关法律条文和各项权利的法律扑克，对学习法律很有好处，刘老师要求学生好好保管。

情境一：田甜——幸福女孩。（见书本第8页）

田甜的幸福，其实就是她幸福地享有权利和行使权利的经历。田甜的成长经历中，她都幸福地享有了哪些权利？刘老师请大家拿出法律扑克牌。要求：如果田甜行使的权利和你的牌上罗列的权利是相对应的，就要高高亮出你的牌，并说出她享有的是哪项权利以及相关的法律条文，出牌时要大声地说："我来出牌。"这样，学生按要求、按顺序依次出牌。学生仿佛是在玩扑克游戏，实际是在学习相关法律知识。如此，老师教得轻松，学生学得愉快。扑克出完了，相关法律知识也学完了。扑克张数多多，正说明了法律赋予我们的权利的广泛性。

情境二：某QQ群的一个帖子：6岁的小女孩丁香被后母打得不得不住医院，在医院里多次口吐鲜血，六块脊椎被打断，大小便失禁，身上遍体鳞伤，几乎都在致命部位。如果你有良心，请转发。

"看到这个消息你会转发吗？"刘老师采访主张转发的同学，"知不知道转帖就是在行使自己的言论自由权？为什么会转发？"言论自由是按照自己的意愿自由地发表言论以及听取他人陈述意见的权利。我国宪法规定公民享有言论自由权。接着，刘老师出示材料：全国各大网站流传着一篇名为《史上最恶毒后妈》的帖子，许多网友抑制不住自己的气愤,纷纷声讨,有的说"这是我见过的最没人性的事",有骂"后妈禽兽不如"的,还有网友发出网络通缉令要严惩后妈的,甚至有江西当地网民冲动地上门谩骂丁香的继母。问:"你赞同网友的这些做法吗?为什么?"最后,刘老师引导学生思考公民应怎样正确行使法律权利。刘老师根据学生的回答,把正确行使权利编成了顺口溜:公民权利真广泛,国家宪法有保障,行使权利需恰当,他人权利不侵犯,国家利益放心上,合法方式最稳当。

不难看出,刘老师的教学设计新颖,富有创造力。刘老师引导学生玩扑克学知识,激发了学生学习的浓厚兴趣。刘老师把素材与问题相结合,引导学生围绕小丁香的素材,有目的、分层次地设置与教材相关的问题,在学生心理上造成悬念,点燃学生思维的火花,把他们带入欲罢不能的境界,很好地促进他们深思、探究、发现和解决问题。

创新是一个民族进步的灵魂,是国家兴旺发达的不竭动力。要培养有创造力的学生,教师就应具有一定的教学创造能力,如做到创造性地使用教材,创新设计、优化教学过程等。

6.3 视野:要更开放广阔

广西刘丽老师的《对外开放的基本国策》这节课,视野开阔,融合了丰富的课程资源。"谈古论今"环节,引导学生结合历史课程"谈古",分析古代对外开放和闭关自守的事例和影响,引导学生结合时政"论今",分析国际形势和国内形势的表现和应对,即完成表11-2。这个过程打通了学生的古今的视野。

表 11-2

		对外开放	闭关自守
谈古	事 例		
	影 响		
		国际形势	国内形势
论今	表 现		
	应 对		

"格力的腾飞"环节,引导学生结合乡土素材"探秘寻方",通过分析感受格力集团的发展壮大就是对外开放的结果。"珠海的故事"环节,引导学生结合自身的情况,思考和感受开放的美好。

新课程标准在引言中明确提出"教师应树立融合、开放、发展的课程资源观"。刘丽老师将不同类型的课程资源优化组合,充分发挥各种课程资源的效能,可谓视野宽阔。

全球化的今天,开放的世界,要有开放的视野。道德与法治课程资源存在于生活的方方面面,发生在每时每刻,极为丰富。我们要有一双慧眼,善于开发、捕捉和利用各种资源,打造开放的课堂,激发学生参与和思考的热情,培养多方面的能力。

6.4 内容:要更贴近生活

陕西霍梅梅老师的《家是温馨的港湾》这节课,让学生在黑板上、在自己的图画本上,用画笔画出心中的家,然后让学生用自己的语言诠释自己的画,畅谈家里有温情的切身感受。

湖南唐波老师的《感受责任》这节课,将自己在珠海文园中学拍摄到的老师精心备课、学生认真听课、保安履行职责、厨师认真工作等画面制成幻灯片,让学生真实感受这些生活中的平凡小事,让学生感受到责任就在平凡的小事中,责任与角色同在。这些教学内容是多么贴近学生的生活啊。

道德与法治是人们在社会生活中,通过处理与自身、与他人、与集体、与国家、与社会的关系而培养起来的做人做事的特定的思想方式和行为习惯。特定的思想方式和行为习惯是在实际生活中形成的。打造生活化的课堂符合当代德育的发展趋势,是由道德与法治课程性质决定的。胡云琬老师说,打造生活化课堂需要以现实生活与学生生活面临的各种现象和实际问题为基础。所以,教学活动要做到导入生活化、情境生活化、问题生活化、过程生活化、作业生活化。

6.5　形式：要更简约高效

教育家陶行知说："凡做一事，要用最简单，最省力，最省钱，最省时的法子，去收获最大的效果。"莎士比亚也说，简洁是智慧的灵魂。时至今日，尤其是十八大以来，社会出现了全新的气象，构建简约高效的课堂已成为时代的呼声。

所谓简约课堂指的是选用少而精的教学资源，开展适量新颖的教学活动，构建思路清晰、简明顺畅的教学流程，获得最佳教学效果的课堂。简约的结果是高效。所谓高效课堂，指的是将情感、态度、价值观的培养，知识的学习，能力的提高与思想方法、思维方式的掌握融为一体。

纵观这次参赛教师的课，有许多亮点，可我也有一种感觉，就是我们的教师还是讲得过多。一些教师的课内容多、形式杂，教学活动安排得满满的，像赶马车似的。个别教师教学中只顾着预设，不看重生成，没有很好的点评，没有充分的鼓励，导致学生生成的思维花朵过早凋谢，得不到充分的绽放。

不搞形式主义，不作秀，不过分包装，回归到生活的本身。这就是真、善、美，这就是对我们道德与法治老师的更高的要求。让我们为之努力吧。

（本文发表于《思想政治课教学》2013 年第 3 期）

后 记

首先，要感谢东莞市教师继续教育指导中心陆兴友主任。2016年5月25日，陆主任在东莞市名师工作室主持人微信群里，发了"关于名师、名班主任和名校长工作室主持人个人研究专著出版资助的通知"。我下载后认真阅读，初步有了整理专著出版的打算。但细想，自己的文章多是这些年来陆陆续续发表或获奖的论文，似乎不符合资助的条件。于是，我拨打了陆主任的电话，认真征询了陆主任的意见。陆主任给予我明确的建议，让我增强了信心。但能不能得到资助仍是未知数。此时，在我心里，有个声音提醒自己：不管得不得到资助，都应该把这些文章汇总。就这样，我开始了伏案整理。

定什么书名呢？开始，我想到"创新实践"四字，因为我一直在这样做；但觉得"创新实践"不能概括全书的内容。此时，又是陆主任在东莞市名师工作室主持人微信群里发来了消息。这条消息是"东莞市黄灿明名校长工作室在东莞中学揭牌"，我仔细阅读，当我读到梁凤鸣局长其中一段讲话时，眼前一亮。梁凤鸣局长说，"为每一个学生提供适合的教育是我们东莞市教育未来发展的核心理念，也是全市教育工作者和广大家长的共同心愿。我们要通过打造东莞'慧教育'，来实现智慧育人、育智慧人的新目标。"就是这番话给了我启发，我想："创新"与"慧"是有密切联系的，只有"慧"才能有"创新"。于是，就萌发出："慧教学实践"的书名来了。

我涉足"慧教学实践"纯属内心和实践的需要。在读师范学校的时候，看到吕嘉健老师前不久发表的文章，给我们分享他的喜悦。那时的我，写作文没少被吕老师打"×"，但他总是认真地帮我修改和给我鼓励。因此，吕老师成了我的榜样，发表文章成了我的向往。出来工作之后，在教学之余，我常将一些教学经验和体会撰写成文寄往有关报刊。但是，收到的总是退稿。2000年，拙作《思想政治课"启发创新"课例实验研究》寄给《思想政治课教学》编辑部后不久，就收到北师大编辑部录用的通知书。时至今日，我还清晰地记得拿到录用通知书时那欢喜的情景。这篇文稿发表在2001年3月《思想政治课教学》创新实践的开篇栏目上。我手捧着《思想政治课教学》不知几时才入眠！自此至今，累计发表文章30多篇。2003年，我参加东莞市优质课比赛拿到一等奖，并代表东莞市参加广东省比赛，结果也拿到一等奖。每次比赛或公开课，我都把自己的教学实践撰写成文，这种做法竟成了习惯。在此，我要感谢恩师吕嘉健老师，感谢《思想政治课教学》《中学政治教学参考》编辑部全体老师，尤其是郎永成老师！

1997年，我来到了广东省东莞市黄江中学，卸下原学校行政工作，专心从事教学、教研和班主任工作，2004年担任政治科组长职务。在这里，我要感谢培养我成长的李权昆、李日宏、叶满海和谢宝珠四位校长，感谢促使我进步的谢绍禧、李维忠、沈林、香松兴、陈礼兴、黄海权等教研领导，感谢王清平教授，感谢陪伴我成长的工作室团队和全体老师，感谢我的家人——母亲潘翠琴、妻子高可满、女儿彭路希、儿子彭高蒙。

最后，感谢为此书出版尽力的叶满海校长、黄国平主任。

彭玉斌

2016年11月11日

主要参考资料

1. 全日制义务教育《思想品德课课程标准（实验稿）》(2003年5月19日)。
2. 人教版七、八、九年级思想品德教材。
3. 陕西师范大学出版社《中学政治教学参考》。
4. 北京师范大学出版社《思想政治课教学》。